暮らしの絵本

おつきあいのマナーとコツ

石原壮一郎◎監修
伊藤美樹◎絵

Gakken

はじめに

「おつきあい」という言葉に、どういうイメージを抱いてますか？
わずらわしい、ややこしい、面倒くさい、苦しい、怖い……。
もし、そういったマイナスのイメージだとしたら、
それは、残念で、もったいないことです。
人生において、嬉しさや楽しさやあたたかさといった、
いろんな種類の幸せをもたらしてくれるものは何か。
それは、自分以外の誰かとの「おつきあい」にほかなりません。
「おつきあい」と上手におつきあいすることが、
人生を充実させる必須条件と言ってもいいでしょう。

確かに「おつきあい」には難しい一面もあります。
しかし、当たり前のマナーを心がけて、
ちょっとしたコツを身につければ、心配はまったく無用。
この本は、いろんな相手との「おつきあい」をもっと楽しんで、

「おつきあい」がもたらしてくれる多彩な幸せを満喫するためには、どんなマナーやコツが大切なのかを考えてみたものです。

それらは、あなたを窮屈に縛り付けるものではありません。

うわべだけ取りつくろって無難な関係を築くためのものでもありません。

「いいおつきあいをしたい」という気持ちをきちんと表現したり、相手の本当の気持ちや魅力をきちんと受け止めたりする上で、とても頼りになる味方であり、とても便利な道具です。


「おつきあい」には、絶対的な正解やセオリーはありません。

相手や状況に応じて、自分で正解を見つけていく必要があります。

それを乗り越えて「おつきあい」の醍醐味を堪能できるのが、いわば「大人のおつきあい力」だと言えるでしょう。

この本を読めば、もう大丈夫。マナーやコツを使いこなしながら、あなたならではの「大人のおつきあい力」に磨きをかけてください。


ではでは、しばしのおつきあい、よろしくお願いいたします。

石原壮一郎

もくじ

◎イラスト：伊藤美樹 ◎デザイン：寺井恵司 ◎編集・構成：谷津晶子、佐竹未希 ◎編集協力：斉藤友希、田中宏樹（学研）

おつきあい町の人々

おだやかに晴れた日、
「おつきあい町」の
アルプスマンションに、
大月一家が
引っ越してきました。

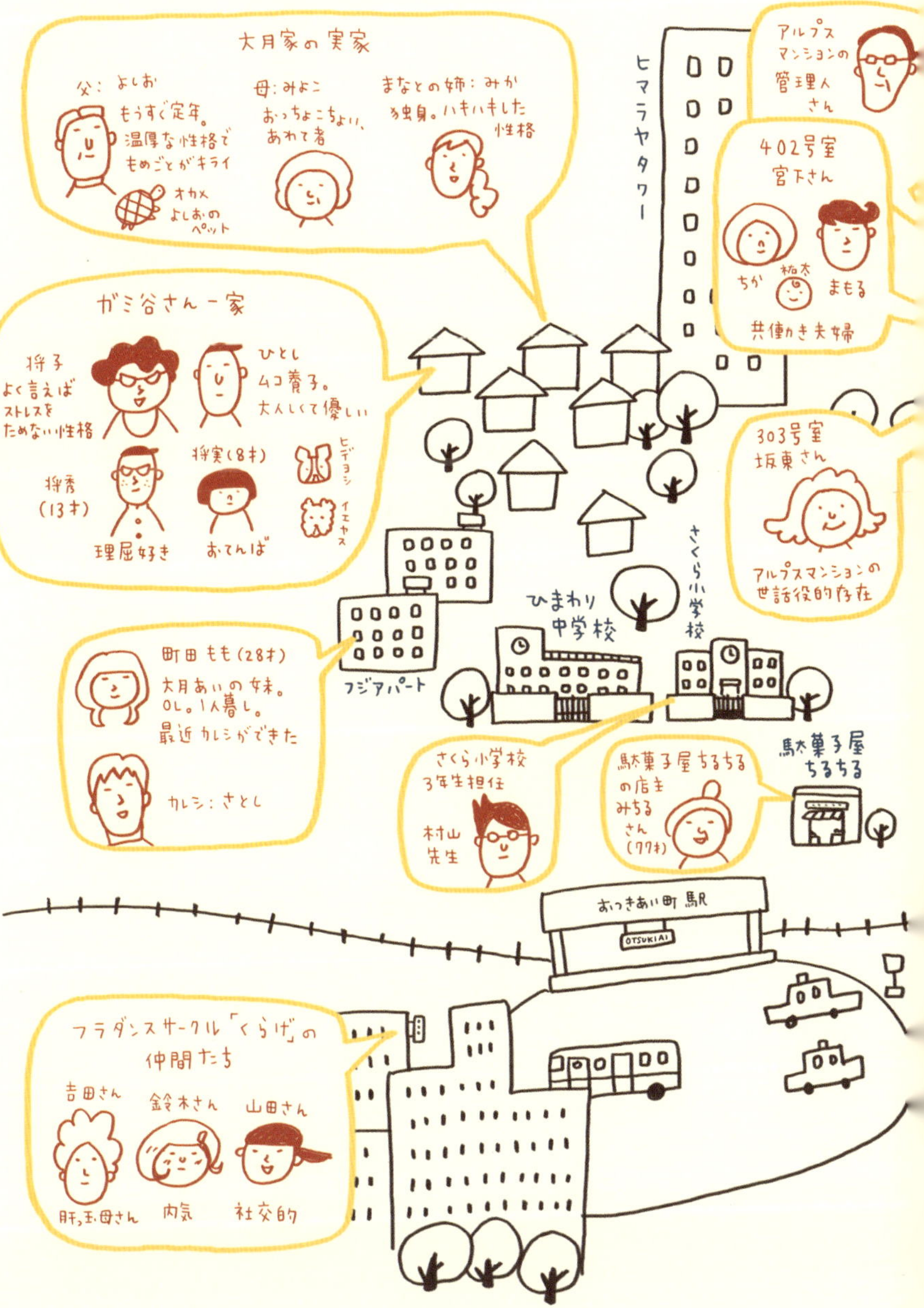
大月家の実家
父：よしお
もうすぐ定年。温厚な性格でもめごとがキライ
オカメ よしおのペット
母：みよこ
おっちょこちょい、あわて者
まなとの姉：みか
独身。ハキハキした性格
ヒマラヤタワー
アルプスマンションの管理人さん
402号室 宮下さん
ちか
柚太
まもる
共働き夫婦
ガミ谷さん一家
将子
よく言えばストレスをためない性格
ひとし
ムコ養子。大人しくて優しい
将秀（13才）
理屈好き
将実（8才）
おてんば
ヒデヨシ
イエヤス
303号室 坂東さん
アルプスマンションの世話役的存在
ひまわり中学校
さくら小学校
フジアパート
町田もも（28才）
大月あいの妹。OL。1人暮し。最近カレシができた
カレシ：さとし
さくら小学校3年生担任
村山先生
駄菓子屋ちるちるの店主
みちるさん（77才）
駄菓子屋ちるちる
おつきあい町駅
OTSUKIAI
フラダンスサークル「くらげ」の仲間たち
吉田さん
肝っ玉母さん
鈴木さん
内気
山田さん
社交的

おつきあい通りを行く

1 おつきあいの第一歩は、お互いの不安を取り除くこと

「どんな人たちなのかしら？いい人かしら？」に始まるおつきあいの不安は、誰もが感じるもの。だからこそ、お互いの不安を取り除くために、おつきあいのマナーは欠かせません。

大学進学時、生まれ育ったおつきあい町から巣立った大月まなとさん。就職、結婚を経て、おつきあい町に帰ってきました。実家からほど近いアルプスマンションが新居です。

おつきあい町もずいぶん変わったなー。荷物入れたらご近所にあいさつに行かないとね
カチコチ
ガチガチだね
ピキピキ
つんつん
緊張する!! ご近所さんはどんな人たちかしら？いい人かしら？
おつきあいってむずかしくない？どうしよ〜

2 相手によって、いちばん気持ちいい「距離感」は違う

全員と同じくらいに深く仲良くなるのは、まず無理。誰とどの程度おつきあいするかを考えて。

あら新入生ねヨロシク~
新入生って学生じゃないわよ~
心はまだ女学生なのよ~
おほほっ
よ、よろしくお願いいたします…

3 マナーは面倒なものではなく、便利に使いこなすもの

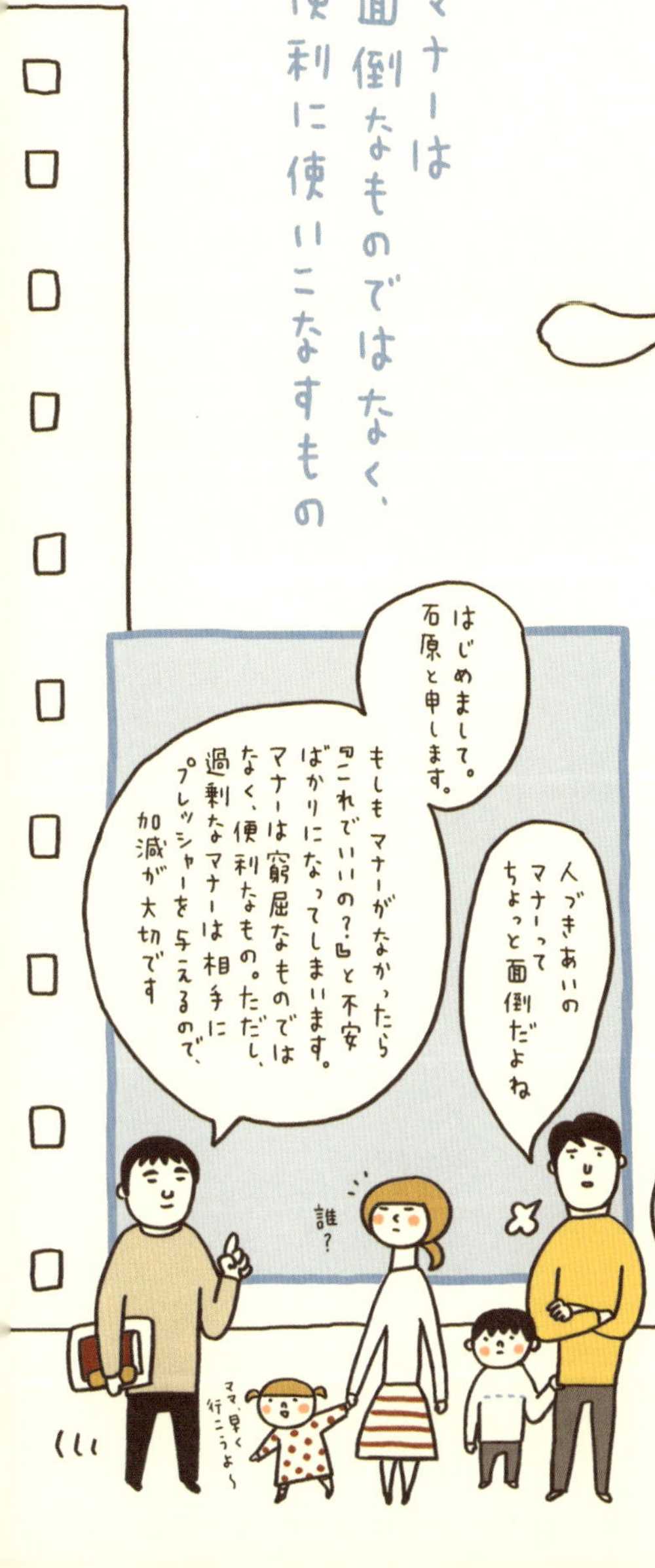

はじめまして。石原と申します。
もしもマナーがなかったら『これでいいの?』と不安ばかりになってしまいます。マナーは窮屈なものではなく、便利なもの。ただし、過剰なマナーは相手にプレッシャーを与えるので、加減が大切です
人づきあいのマナーってちょっと面倒だよね
誰?
ママ、早く行こうよ~

4 お世辞ではなく、言う側も気持ちいい「ほめ言葉」を

5 役割の違いがあるだけで、「人として」はみんな平等

目上の人やキャリアのある人から学ぶという姿勢は大事です。それは、人としてどっちが偉いという優劣ではありません。それぞれが自分の役割を果たし、お互いに尊敬しあうこと。夫婦も、嫁姑も、持ちつ持たれつの関係を保ち、勝ち負けで物事をとらえないように。

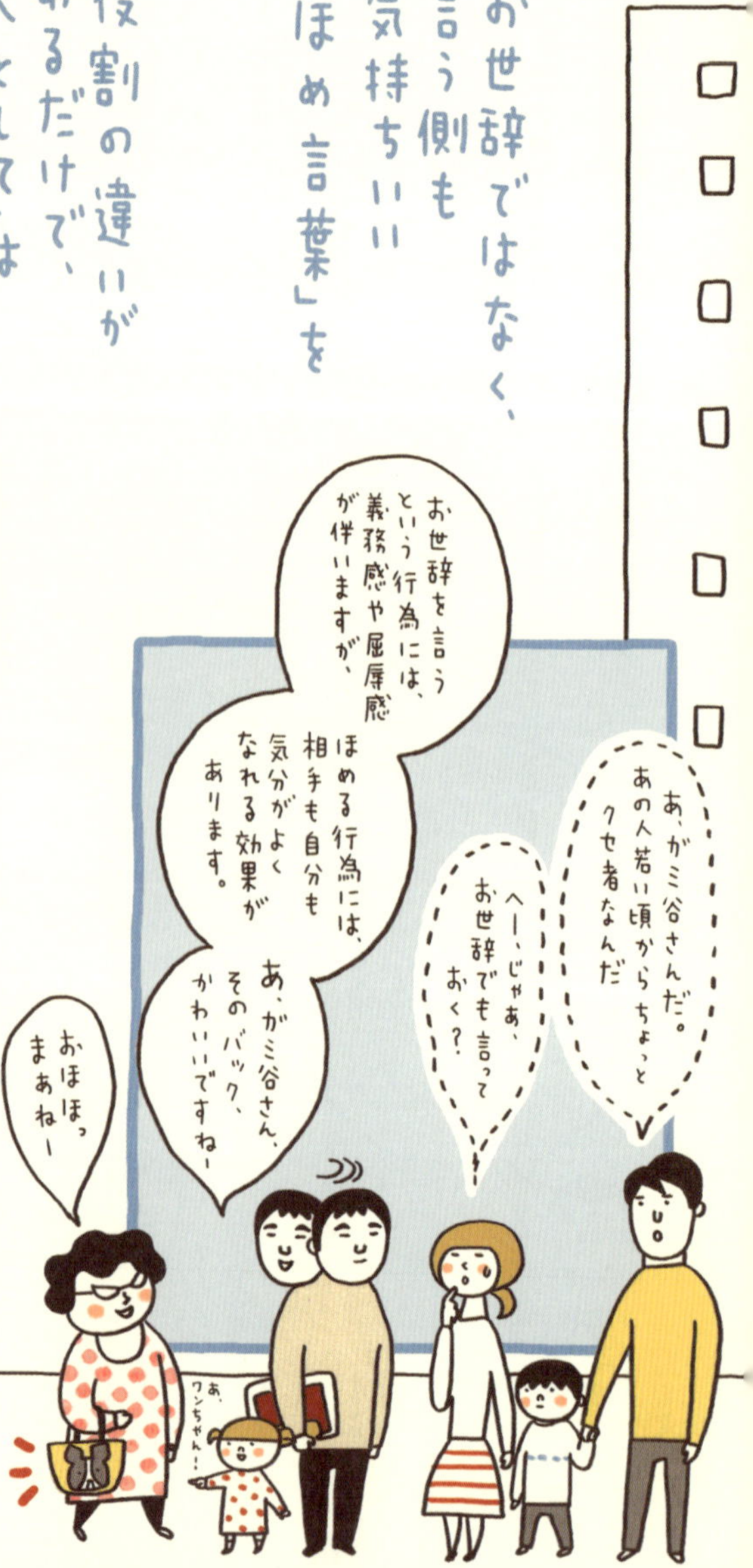

6 自分の「正解」が、相手にも「正解」とは限らない

世の中にはいろいろな考え方、立場の人がいるので、自分にとって正しいことが相手にとっても正しいとは限りません。おつきあいは「ルービンの壺」みたいなもので、見方によって、姿を変えることを認識して。

7 自分にも他人にも完璧を求めずに、失敗は水に流す

誰でも失敗します。忘れることも大事で、済んだことは水に流せる寛大さを持ちましょう。これは自分に対しても、他人に対してもです。

8 「正義」をふりかざして、相手を追い詰めるべからず

私、しっかり者の嫁になりたいし、完璧なお母さんでいたいし、友だちも大切にしたいし、ご近所さんにも好かれたいの!!

ちょっと力みすぎじゃない??

あ、あの人上の部屋の人だね。いっつもうるさくて困るよ。言っとこっか
「越してきたばかりなのに、うるさい人」って思われるかもよ。逆ギレもコワイし…

注意も必要ですが、いきなり悪い点を指摘したりせず、相手に逃げ道を作ってあげること。注意をするときは最初の一言が、その後の印象・展開を左右します。

まずは相手の悪いところを見るよりも、いいところを見つける心がけをして。減点法で人を評価しないことですね

9 自分の気持ちは言葉に出してはじめて、相手に伝わる

とくに「ありがとう」と「ごめんなさい」は忘れずに。言葉で伝えても100％伝わるわけではないのですが、わかり合おうと努力することが大切。

10 おつきあいは肩の力を抜いて、あくまで臨機応変に

おつきあいには「絶対」はなく、臨機応変な対応が必要。そのためにも、マナーに縛られすぎずに、リラックスして対応しましょう。

今度のマンションは前のアパートより広くて出世した気分よ！
これもあなたのおかげね
ありがとう！
よーしっ いつかは一戸建てを建てよう！
がんばるぞ～っ
まあ、おつきあいといってもガチガチになる必要はないのよね。ちょっと気がラクになってきたかも
そうだねー 不安を少なくして気持ちよく暮らしたいよねー

第1章

いつもの暮らしの中の、スマートなおつきあい

お互いの不安を取り除くことがいちばんの目的

その日のうちに

転居のあいさつは、引っ越し当日に。先方もくつろいでいますから、かしこまった服に着替える必要はありません。「取り急ぎまいりました」という雰囲気が大切です。

みんな揃って

家族揃ってあいさつするのがベストですが、一人であいさつに行くときは、家族構成を伝えます。最初から電話番号まで伝える必要はありません。

小学3年生の息子、大《だい》と幼稚園の年長組の娘、ヒナです
大月大《だい》です

伝えておきたいこと

共稼ぎで昼間留守にすることが多い、夫の仕事が不規則で深夜に帰宅することが少なくない、子供がピアノを習っている(ピアノの音)、犬を飼っている(鳴き声)など、伝えたほうがよい情報はしっかりと。新参者がある程度わが家の事情を話すことで、相手にも安心してもらえます。

その他

○生後3カ月の子供がいるので、泣き声がわずらわしいこともあるかと思います。

○家には祖母もいます。よろしくお願いいたします。

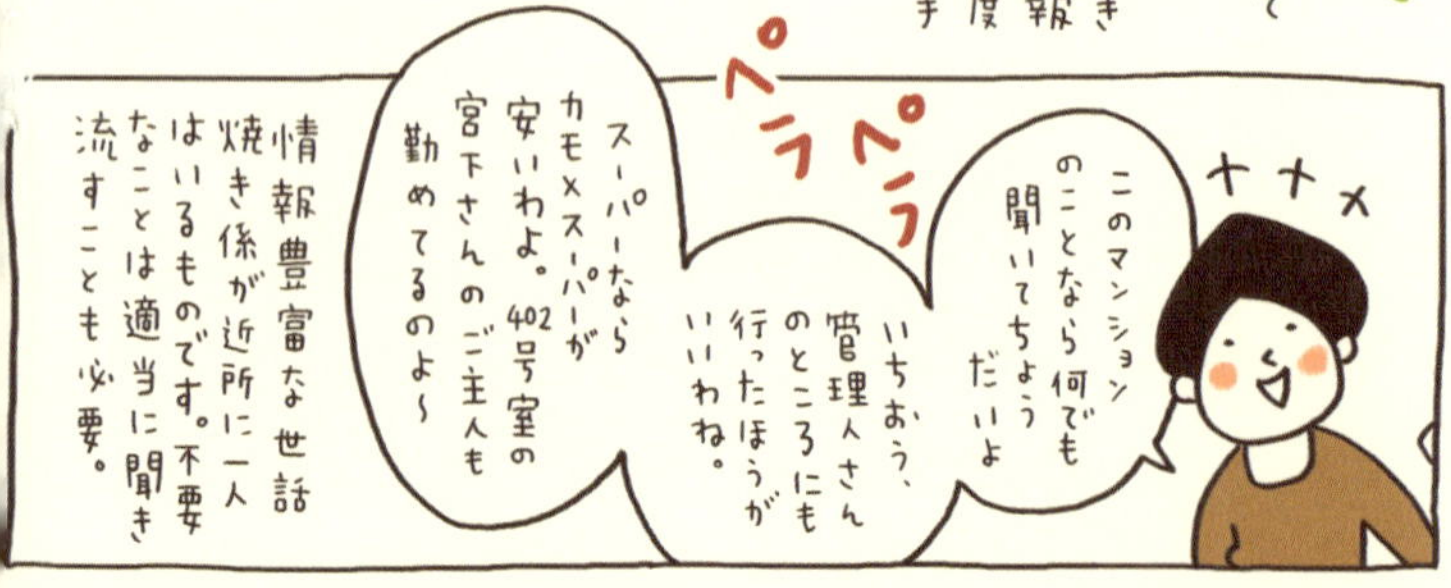
ナナメ
このマンションのことなら何でも聞いてちょうだいよ
いちおう、管理人さんのところにも行ったほうがいいわね。
ペラペラ
スーパーならカモメスーパーが安いわよ。402号室の宮下さんのご主人も勧めてるのよ～
情報豊富な世話焼き係が近所に一人はいるものです。不要なことは適当に聞き流すことも必要。

どこまでまわる？

一戸建ての場合は、向こう三軒両隣りへ。

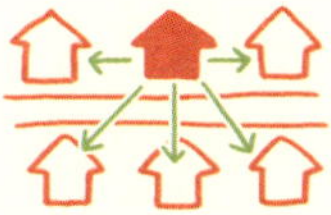

ゴミ出しのルール、その他地域の決まりごと、自治会長さんの名前などをたずねましょう。

こちらからたずねることで、常識人であることをさりげなくアピールできます。また、「あなたを頼りにしています」という気持ちを暗に伝えることにもなります。

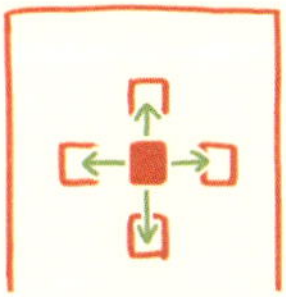

マンションの場合は、両隣りと上下の住人にあいさつを。

引っ越しそば

引っ越しといえばおそば。そばには「細く長くおつきあいください」と「あなたのおそばにやってまいりました」という意味がありました。といっても生麺ではかえって迷惑。いかにもおいしそうな乾麺がいいかも。ほかにはタオル、お菓子が当たり障りなくポピュラー。500円程度のもので十分です。

大月ヒナです
（手渡す際に）
お近づきのしるしです
つまらないものですが

のしには「ご挨拶」

ご挨拶

「どうぞよろしくお願いします」の一言カードを添えると好感度もアップ。

先方が留守の場合は、「あらためてうかがいます」というメモのみを郵便受けに入れておきましょう。手土産まで投げ込むのは失礼です。

宮下です
よろしくお願いします

ゴミは前日には絶対出さないでねっ

新築分譲マンションの場合

引っ越し日が多少違っても、ほぼ一斉に一カ所に集まってくるのですから、一軒一軒まわるよりも、管理人さんを通して「顔合わせをしましょう」と提案しては？　そのほうがほかの人にも好都合なはず。

引っ越し業者への心づけ

一人千円〜二千円が相場。もともとは「たばこ銭」として渡していました。飲み物などでもいいのですが、その場合は、飲みかけでもふたを閉められるペットボトルが便利。

転居通知

荷物の片づけが一通り終わった一週間後くらいに出すのがベスト。「念願の一戸建てを買いました」といった素直な喜びの言葉は、印刷せずに相手を選んで手書きで。

夫の実家に住む場合

あいさつまわりは、お姑さんと一緒に。余計なことは口にせず、にっこり笑って控えめに「よろしくお願いいたします」が好印象。

ひとり暮らしや、賃貸の場合

都会の場合は、お互いがより強くプライバシー空間を守りたいと思っていることが少なくありません。とくに、ひとり暮らしの場合、引っ越しのときのあいさつは遠慮して、顔を合わせたらあいさつを交わす程度でかまいません。ただし、あいさつをするかしないかを迷うくらいなら、あいさつしておきましょう。

大家さん

賃貸の場合、大家さんが近くにいるなら必ずあいさつを。手土産は千円程度に。

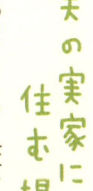

日常のあいさつ

Casual Greetings

名前を知らない人に

名前まではわからなくても、時折見かける人ならあいさつをしましょう。

顔に覚えがない人でもいちおうあいさつを。もしもその人が近所の人ではなく、ドロボウだとしても、あいさつされたら盗みには入りにくいものです。

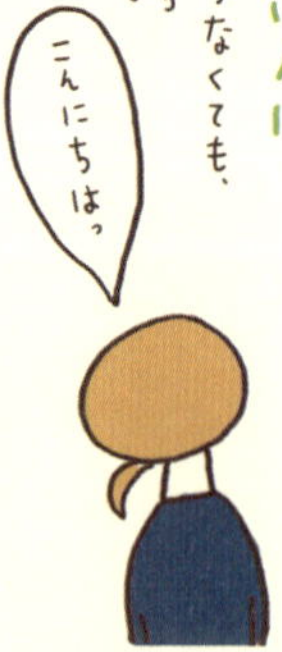

マンションのエレベーター

（同じマンションの住人と乗り合わせ）

顔見知りなら、「8階でしたっけ？」と言いながらボタンを押す。「お先に」「おやすみなさい」などの一言によって、なんとなく居心地の悪い空間になごみの風が吹きます。ペットとともに乗り込むときは「お先にどうぞ」と他の人を優先しましょう。

男性と女性1名ずつになりそうなときは、男性から「お先にどうぞ」の一言を。声をかけられた側は「よろしいんですか？」「ご一緒にどうぞ」と臨機応変に答えて。こんな気遣いを不要なものにするためにも、普段のあいさつが大切なのです。

出かける人に

「お出かけですか」と声をかけるのはいいのですが、「はい」という返事のあとに、「どちらへ？」とは聞かないほうが無難です。

どこからか帰ってきた人にも、行った先をしつこくたずねるのは避けて。

お土産を催促していると思われたり、プライバシーのせんさくだと思われたりと面倒です。

買い物途中で

ちょうど相手に伝えたい用事があったとしても、買い物の途中は、短めのあいさつのみで。買った品物を見たり、聞いたりしないように。

子連れ、ペット連れなら

「お名前は？」「いくつ？」など子供が答えられるような質問（名前などすでに答えがわかっていてもかまいません）を投げかけます。ペットの話題は飼い主にとって大歓迎のはず。動物嫌いなら無理することはありませんが、苦手でなければ「何歳ですか」「オスですか。メスですか」「柴犬は飼い主に忠実なんですってね」など、相手が乗ってきそうな話題を。

急いでいて、顔見知りの人を追い抜くとき

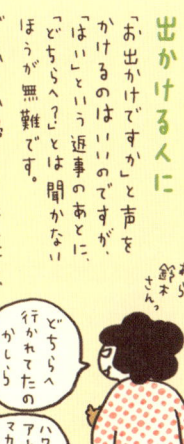

天気の話題は万能

「おはよう」「こんにちは」のあとに続けたいのが、お天気の話題。性別年齢を問わずに使えて、その日の空気を共有することができます。天気や季節ごとに美しい表現が揃っているので、使いこなしたいものです。

晴れの日

「今日はいいお天気ですね」

「絶好の洗濯日和ですね」

「気持ちも明るくなる天気ですね」

曇りの日

「はっきりしないお天気ですね」

「ひと雨きそうですね」

「かえってすごしやすいですね」(夏に)

雨の日

「けっこうなおしめりですね」
(久しぶりに雨が降ったとき)

「いつまでもよく降りますね」(梅雨どき)

「草木には嬉しいでしょうね」(梅雨どき)

「あいにくのお天気で」
(相手、または双方になにかイベントがある日)

春

「すっかり春めいてきましたね」

「花粉症はいかがですか」

夏

「日が長くなりましたね」
（夏至に近づいた頃）

「暑いけど、季節がある証ですね」

「まだ梅雨はあけないんでしょうか」

「お暑うございます」

「今日は蒸し風呂のようですね」

「温暖化を実感しますね」

「ひと雨ほしいですね」
（日照り続きのとき）

秋

「しのぎやすくなりましたね」
（夏の終り〜初秋。雨の日はNG）

「朝晩は冷え込みますね」
（秋が深まった頃）

「小春日和《こはるびより》ですね」
（晩秋〜初冬の暖かい日に）

冬

「日が短くなりましたね」
（冬至に近づいた頃）

「お寒うございます」「冷え込みますね」

「今年も押し詰まりましたね」（12月）

「今日は少し暖かいですね」（春めく前）

ご近所に不快感を与えない日常のマナー

「周りの人のためにやってます」という使命感ではなく、
無意識にできる習慣に。日頃のマナーがトラブルを未然に防ぎます。

バンバンバンッ

布団干し

布団叩きを多用すると、布団を傷めることにもなります。ほこりを払う程度に軽くパンパン。マンションの場合は、叩くときはベランダの内側など、両隣りや階下にほこりを舞い散らさない配慮も必要です。布団のほこりは叩かずに掃除機で吸うという方法も。

ドタバタバタッドッシャーン！

床音

マンションのフローリングでは子供やペットの足音が階下に響きます。ラグには防音効果もあるので、リビングダイニングにはお気に入りの1枚を。真下に住む人と顔を合わせたら「子供の足音がうるさくないですか」などと声をかけましょう。

ピアノ音

ピアノを持ち込む（購入する）ときは必ず伝えます。腕前などの自慢ととられない表現で、音のことを心配していることのみを伝えます。発表会の前などは、隣り近所の人と顔を合わせたときに、いつもより練習時間が長くなることを話しておくこと。

玄関まわり

家の中の掃除がままならなくても、せめて道路や通路に面した玄関まわりは整理整頓を心がけましょう。

ゴミ出し

地域のルールを守って分別するのは当然。半透明の指定ゴミ袋を使用する場合は、生ゴミや生理用品などは新聞紙などにくるんで。使用済封筒、住所や電話番号が書かれたもの、下着などは細かく切って捨てるとよいでしょう。

洗濯物

タオルやシーツ、男物の衣類など、見た目に不快感を与えず、防犯効果もあり、他の洗濯物の目隠しにもなる物を外側に干します。

ザップーン!!

水音

足音と同じように、水を流す音も響きがち。トイレやキッチンの水音はしかたがないとしても、お風呂は夜0時まで、洗濯は遅くとも夜9時までにすませることを心がけて。

もしもし?!ちょっと

話し声

電化製品が出す音には気を遣っても、意外と忘れてしまうのが話し声。とくに電話では、無意識に大きな声で話しがち。

プライベートな会話になることもあるので、窓を閉めるなどをして。

花火、庭や屋上、ベランダでのパーティ

楽しい花火も、音、匂い、煙を出すことを思えば近所迷惑になりがちです。

庭やベランダ、屋上でのパーティも、はしゃぐ声はもちろん、バーベキューをすれば、匂いと煙の問題が発生します。庭や屋上でパーティをするときは隣り近所に一言ことわりを。

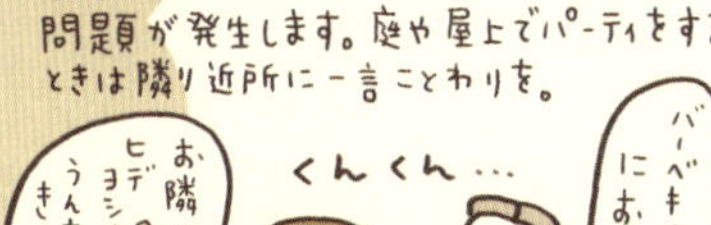

ペット

飼い主には気にならなくても、動物が苦手な人は敏感になる動物の匂い。清潔第一で。

ペット用シーツを干すときは、シーツについた毛を飛ばさないように。

ここぞというときこそ、より気持ちよい対応を

近所づきあいのポイント

＊全員とつきあう必要、平等につきあう必要はなし。

＊深く立ち入らない、距離感を誤らない。

訪問

食事時やどの家でも忙しい朝は、訪問を避けて。夜の訪問は、8時までを目安に。

顔は見知っている
あいさつする
立ち話をする
自宅を行き来する
家族
大月さんこんにちは
こんにちは
じいじとばあばに賞状を見せに行くんだ

自慢話のやりとり上手

「いい服を選んだわね」（センスをほめる）

返答その①
「ネットですごい割引きしてるの見つけたの」
（情報収集力のほうをアピール）

返答その②
「思いきってふんぱつしちゃったの」
（簡単に買えるわけでもなく、お金が余ってるわけでもないから、がんばりましたのアピール）

あら、なにかいいことあったの？
↑
（ご機嫌な人に）

ええ、子どもが学内コンクールで努力賞をもらったんです
↑
（学内コンクールという小さなコンクールでの賞でもとても嬉しいという謙虚さ、喜べる純粋さ）

クリスマスシーズン

キラキラの電飾を施せば、近所にも夢を与え、喜んでもらえると勝手に思い込まないように。

チカチカしてイヤという人や飾りを見るために人が集まってわずらわしいなど、かえって迷惑になることもあります。「子供が飾りたいと言っているのですが」などと飾る前にいちおう近所に相談しましょう。

反応がイマイチなら遠慮することも考えて。

植木

塀《へい》を越えて植物が自分の家の敷地に侵入してきても、勝手に切ってはいけません。

まずは、持ち主に相談を。持ち主に切ってもらうのがいちばんですが、手間をかけることを気遣いつつ、切ってもよいかをたずねてもよいでしょう。

ベランダ園芸の草花が侵入してきたときも同じように。

大《だい》やヒナが見たら喜ぶわよ～
ちょっと派手すぎじゃないの？
邪魔なのよね

もらい過ぎた、買い過ぎた、作り過ぎたときのおすそわけ

＊容器でおすそわけする必要があるときは、なるべく返さなくていい紙皿などを使うか、おすそわけする相手の容器を借りて。返すときは、容器にチョコレートやキャラメルなど、ちょっとした物を入れて。
容器の中にマッチを入れるのも消臭のためのマナーと言われていますが、意味を知っている人が少ない今は、誤解を生んでしまうかも。

＊すぐにお返しをすると、わざわざお返しを用意したと思われてしまいます。少し時間をおいてから、おすそわけにはおすそわけで返すのがマナー。「おいしくいただきました」の言葉も添えましょう。

これ、昨日いただいたおすそわけのお礼！
肉じゃがで、マスクメロン…

立ち話のマナー

子供やご主人のこと

夏川さんのところはご主人、東大出のエリートなんでしょ。ゆたかくんも賢いものねー
うらやましいわー
誰に聞いたの？

ほめたつもりでも相手は誤解する可能性があります。学歴や勤務先の話題は避けて。相手が話題にしても「うらやましい！」など大袈裟な反応はしないほうが無難。一般的なおけいこごとや塾の話題程度はOK。

「受験たいへんね」

当然小学校は私立を受験するんでしょ。たいへんよねー
ドキッ
いえ、まだ決めてないけど
あれ？なんか、雲行きが…

励ましのつもりで言っても、神経質になっている家族にとってはいらだたせることにも。受験する家庭も、受験しない家庭も、「受験」はあまり嬉しい話題ではありません。

「××さんが○○さんのことを」

聞いたわよ〜。秋山さんが、言ってたのよ。お受験用の塾に通ってるんでしょっ
なにも隠さなくったって
隠すもなにもどうしてあなたに言わなくちゃ…
イライラ
イラ

他人のことでも自分のことでも、ほめ言葉でも悪口でも、間接的なうわさ話は、聞き流すのがベスト。

「最近不眠症で」

からだのグチも立ち話では気持ちのよい話題ではありません。

いろんな人がいろんなこと言うから、最近眠れなくって、食欲もないの。ま、ダイエットする手間がはぶけたからいいけど
それ以上、やせてどうするので？
なんかヤバイ空気…

ダイエットやお通じの話題は、ある程度親密度を増す効果がありますが、相手を選ぶ配慮も必要。無難なのは、からだにいい食品や健康法の話など。

お年寄りでも「○○さん」

高齢の人と話すときに「おじいさん、おばあさん」と相手に呼びかけてはダメ。

それはイヤミ？
あらなんのこと？
あっ駄菓子屋のおばあちゃん、こんにちは！
な、何か別の話題を…
みちるですけど

「○○さん」と名前で呼びましょう。

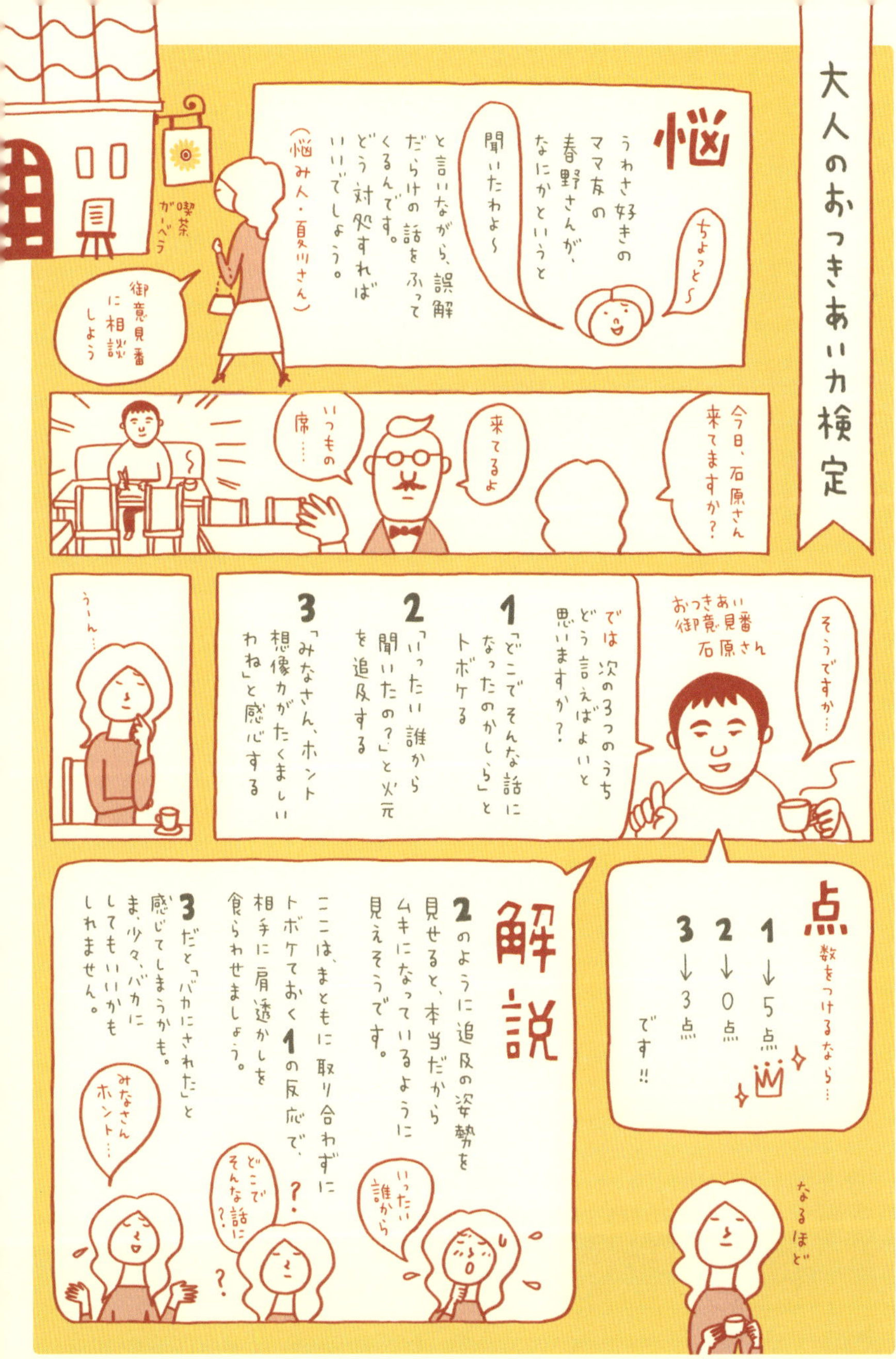

大人のおつきあい力検定
悩
うわさ好きのママ友の春野さんが、なにかというと
ちょっと〜
聞いたわよ〜
と言いながら、誤解だらけの話をふってくるんです。どう対処すればいいでしょう。
（悩み人・夏川さん）
喫茶ガーベラ
御意見番に相談しよう
今日、石原さん来てますか？
来てるよ
いつもの席……
そうですか…
おつきあい御意見番 石原さん
では次の3つのうちどう言えばよいと思いますか？
1「どこでそんな話になったのかしら」とトボケる
2「いったい誰から聞いたの？」と火元を追及する
3「みなさん、ホント想像力がたくましいわね」と感心する
うーん……
点数をつけるなら…
1→5点
2→0点
3→3点
です!!
解説
2のように追及の姿勢を見せると、本当だからムキになっているように見えそうです。
ここは、まともに取り合わずにトボケておく1の反応で、相手に肩透かしを食らわせましょう。
3だと「バカにされた」と感じてしまうかも。ま、少々、バカにしてもいいかもしれません。
なるほど
いったい誰から
どこでそんな話に？
みなさんホント…

誘う

Inviting Someone

「誘う、お願いする」ことは、相手に負担をかけることも多いと思っておいたほうが問題は起こりません。避けたいのは、ことわれない状況に相手を追い込むこと。ことわる余地を残しておくことが大切です。

「迷惑でしょうが、どうぞおつきあいください」という気持ちを表したうえで、誘いに乗ってもらえば、気持ちのよいおつきあいができ、親睦が深まります。

DMで個展に誘われた

誘う側は「来て」という積極的な気持ちというよりも、開催のお知らせを送ったという程度の意識なので、負担に感じ過ぎることはありません。ただし、名入りのオープニングパーティの招待券が同封されていたのに都合で行けない場合は知らせたほうがいいでしょう。

誘う ≠ 命令する、強制する

ことわられても恨《うら》まない！
引きずらない

個展に花を贈る

個展に、花などを贈るかどうかは、今までとこれからのおつきあいの問題。もらうほうは意外と気にしていません。花の大きさやかけた費用のことなどは気にする必要はないのです。贈るならつぼみを交えたバラ（花言葉は「あなたを尊敬します」）や、カーネーションなど日持ちのいいものを。

ちょっとかしこまって、自分（家族）の発表会へ誘う

○「もしよろしかったら、いらしていただけませんか」

×「暇だったら、来てよ〜」

（相手が明らかに暇そうでも）「ことわられて当たり前」のスタンスで。誘いに応えてくれたら、心からの「ありがとう」を。誘われた側が、他人のためにひと肌脱いであげられた満足感を味わえるように。

うちのゆたかのピアノの発表会に

（カジュアルに）うちでお茶でも飲まない？

○「散らかってるけど、よかったら上がってかない？」

待ち構えていたかのように客用のティーセットが周到に用意されているより、「散らかっててごめんね〜」くらいのほうがグッド。いかに気軽に誘えるか、そして、それに応えられるかがポイント。

（一度誘いをことわった側が）

○「この間はごめんなさいね。うちでお茶でもいかがかしら？」

たとえ気軽な空気が流れていても、（はじめてのお誘いならなおさら）誘う側の行為に多少はドキドキ感があることを忘れずに。急いでいるなど、たまたま都合が悪くて誘いに乗れないだけなら、誘われた側も埋め合わせを考えて。再度誘うのは勇気がいるものなのです。

おいしいお菓子があるから

家に招待するとき

○「なにもありませんが、手ぶらでお越しくださいね」

とても親しい間柄なら、あえて「あなたが来ないと始まらないわよ」とぞんざいな誘いも。

子供を利用して理由をつくる、という手も。

よしみが、ヒナちゃんと遊びたいって言うの…

デートに誘う

あのー、町田さん
はいっ
今度の日曜日、銀座に映画を見に行きませんか？
キンチョー
日にちを絞ることで、「その日は都合が悪い」など反応しやすい
タイトルを決めてしまうと、「見ちゃった」と言われることも
・・・・
ごめんなさい その日は都合が悪くて…

「その日は都合が悪い」と言われたときに「それじゃ、再来週は？」などとたたみかけると相手を追い詰めてしまうので難しいところですが、デートの場合は、スマートさを追求するばかりがいいわけでもありません。

そうですか…

一週間後
町田さん
新しくできたあの店に行ってみたいんだけど、
よ、よかったら一緒にどう？

あ、イヤ町田さんと一緒に行きたいんです。

食事の誘いなら、具体的な店を絞ると相手は反応しやすい。映画と違い、一度行ったことがある店でも「おいしいよ」と。

「××さんと行きたい店があるんです」

デートに誘う場合は、「よかったら」といった消極的な言葉はむしろ使わないほうがよいこともあります。

×「近いうちに〜しに行きませんか」

曖昧で答えようのない誘いかた。

答えがはっきりしないからといって、「その気がないならいいよ」とあっさり引き下がってしまったら、

「そんなにいやじゃなかったのに」と思われてしまうかも。相手はテレているだけかもしれません。鈍い反応が帰ってきても、「やっぱり行く」と逆転の意思表示を受け入れられる余地を残しておきましょう。

「それってデート？」

「ごはんを食べに行こう」と言われたときに。男性はこの言葉に、距離感が縮まったような感覚を持ちます。

もちろん
デートに誘われ、(好意があり)せっかくのデートを盛り上げようと思うなら、誘いにOKするところから万全の配慮を。

そのお店、私も行ってみたかったの
前向きな姿勢を見せることも。「しょうがないから行ってあげる」という態度は避けましょう。

勧める、紹介する

Recommendation and Introduction

自ら勧める（紹介する）行為は、ひとつ間違えれば"押し付け"になってしまうことも。情熱とともに、ブレーキも必要です。

物を勧める

新しくできたテーマパーク、リーズナブルで楽しめるアトラクションが多くて大人も十分楽しめるわよ

理由を伝える

「すごくいい」というだけでなく、なぜオススメなのか、具体的な理由を言うこと。

ボーダー柄のワンピースが安くなってたわよ
水玉柄しか興味ないんだよね…

相手を選ぶ

自分にとって有意義な情報が、必ずしも相手にとってもありがたい情報だと思い込まないように。映画に興味のない人に映画を勧めたり、化粧品にこだわりのない人に高級化粧品を勧めたりする行為はお節介かも。

勧める行為にはブレーキを

ここでブレーキ
駅前にパスタのおいしいお店ができたわよ

この後に「オーナーが知り合いだから紹介しましょうか」とまでは言わないで。言うとしても「もしよかったら」の一言を加えて。

この本、すごく泣けるから読んで
ここでブレーキ
マメに生きる

数日後に「あの本読んだ？」と、せっついたり、無理強いするのは、感動を押し付けがましい行為。

人を紹介する

大月さん、誰かいい人いないかしらねー
先生、本気？
どんな人がいいんですか？本気で探しますよ

恋人候補を紹介

「誰かいい人いない？紹介してよ」と言われたら、本気なのか、そうでないかを見極める必要があります。「好みのタイプを詳しく教えて」などと質問することで、その人の本気度を感じ取って。

レベル1
えーっカッコよくてすっごいお金持ち
アハハハ。冗談よ

このように答えたら、ただのあいさつがわりの「紹介してよ」で、本気度ゼロ。

レベル2
誰でもいいわよ

不特定多数な相手を想定しての答えが返ってきたら、本気度低め。気が向けば、軽い飲み会としての合コンでも企画して。

レベル3
絶対条件はたばこを吸わない人

「2〜3歳年上の人がいい」などと具体的で現実的な言葉が返ってきたら本気度高し！紹介する人同士の相性なども考慮に入れて。

紹介を頼む側

本気で頼みたいのか、軽いノリで出会いのチャンスを得たいのか、また、その人の友人にはどんなタイプが多そうかも想定して「紹介してほしい」と頼む相手を選ぶこと。

自分の恋人を紹介する

今度の飲み会は彼と一緒に行くわ。よろしくね
わー楽しみ

飲み会に参加したら知らない人が…。「何者？」と思っても、なかなか直接聞くことはできません。恋人同伴で飲み会などに参加するときは、予告と紹介を。

はじめまして
江崎さんです
しぶい

お願いする

Asking Someone to Do Something

不意打ちのお願いでも相手に心の準備をさせましょう。そのときに役立つのがクッションとなる言葉です。キレイな跳躍(段取り)は、安定した着地につながります。

あなただから頼みたい、という姿勢を示しつつ、
坂東さんにしかお願いできないんですが…
もしお時間が空いていらっしゃったら
心の準備をさせて

お願いの3段跳び

ホップ・心の準備

「もしお時間が空いていらっしゃったら」

「お手をわずらわせて恐縮ですが」

「お力をお借りしたいことがあるんですが」

ステップ・相手をちょっといい気持ちに

「こんなことたのめるのは○○さんしかいないんです」

「××さんの力が必要なんです」

「たいした手間はとらせません」と言っておきながら、たいへんなことを頼む結果になるよりも、先に大袈裟気味に言っておくのがコツ。「あの程度のことで役に立ててよかった」と思ってもらえれば、おつきあいの円滑さが増します。

きっと予定が入っていますよね？
うっ
ボム
ええ、ごめんなさい
っと

このようなセリフによってことわる側は理由を言う必要がなくなるので、気が楽になります。

3 ジャンプ・お願い上手はことわられ上手

「こんな直前になってからお願いしても難しいとは思うんですが」

「直前」を強調すれば、ことわる側はそれを口実にことわれます。


「今回どうしてもというわけではなくて、次の機会でもけっこうなんですが」

ことわる側は「今回」に関してはことわりやすく、お願いする側は次の機会に引き受けてもらえる可能性を探り出せます。


同時に相手に逃げ道を提供できるお願い術を会得しましょう。

結果を求めるあまり、「一足飛び」にならないように。

催促する

NG!
フラダンスの練習用DVD、返してくれないかしら。吉田さんっていつもそうなの?
いつもって…そんなにいつも借りてません

催促には勇気と簡潔さが必要ですが、相手を追い詰めないように。追い詰めると思わぬ反撃にあうことも。

あっ そういえば この間貸した DVD!

と、ふと思い出したように言うのもひとつの方法です。

お金は借りないことが基本

たとえば、自販機でジュースを買いたいときなど、持ち合わせがないなら、「借りる」ことよりも「我慢する」ことが基本。また、飲み会のときに小銭を用意して会計時におつりのないよう出せたらスマート。おつきあいには、事後の治療よりも未然の防止が大切。

催促される前に返す

たまたま手持ちがなくて、お金を借りたときは、次に会ったときに返すよりも、すぐに返しに行くほうが、お礼の気持ちも込められます。たとえ借りた額が数百円程度だとしても「この程度ならいいか」とは思わないこと。貸した側は少額ほど「返して」とは言いにくいものです。

保証人になって(身内に)

金銭関係のほか、「婚姻届」「手術」「賃貸契約」など、さまざまなケースがありますが、お願いされた側が知りたいのは、どんな責任が発生するのかということ。お願いする前にきちんと調べて、最悪の場合、どういうことになるのかを伝えましょう。保証人か連帯保証人かは、はっきりと。

○日まで留守にしますので、よろしく(近所の人に)

留守であることを頭の片隅に置いてほしい程度の「よろしく」です。鍵を預けたり、ペットを預けるなどの負担をかけるお願いはやめましょう。

最悪の場合は、最悪の事態になるけど…
いくらお義姉さんの頼みでも、それは…

2~3日、ヒデヨシとイエヤス預かっていただける?

オカメ大丈夫かな

大人のおつきあい力検定
悩み事ですか？
はい
悩
夫は何をするにも義母の言いなりなんです。
義母が無理を言ってきても、夫はその通りにしようとしているし…。少しはしっかりして欲しいんですが、どう言うのがいいでしょう？
（悩み人・大月あい）
二世帯住宅建てて一緒に住みましょうよ～
ん－、引越したばかりだけど、母さんが言うなら…
わかりました
次の3つのうちどれがよいと思いますか？
1「もっとしっかりしてよ。私はあなたを頼りにしてるんだから」
2「お義母さんじゃなくて大黒柱のあなたの意見を聞かせてほしいな」
3「あなたマザコンなんじゃない？情けないと思わないの？」
ん－…3ですかねえ…
否定するために頑張りそう…。
点数をつけるなら…
1↓2点
2↓5点
3↓0点です。
解説
3のように、マザコンにマザコンの烙印《らくいん》を押すのは絶対にタブー。1の励ましも、ヘタすると屈辱感や、本人が背負いきれないプレッシャーを感じさせてしまうかも。ここは2の言い方で、軽くおだてつつ奮起を促すのがベストでしょう。ま、すぐに効果があるかわかりませんが、大切なのは、その積み重ねですから。
なるほどおだてて奮起させるわけですね

ことわる

Declining the Offer

ことわるという行為には、「ご期待にそえなくて申し訳ございません」「お力になれなくて心苦しいです」など、頼んできた側へのねぎらいが必須。対応を間違えると、理不尽な恨みや怒りをかってしまうことも。

長電話、長話（近所の奥さんに）

あら、もうこんな時間。引き止めちゃってゴメンなさい。また今度ゆっくり話しましょう（話を聞いてください）。

「もうそろそろいいかしら」などの言い方は、いやいやつきあっていたようにとられがちです。「聞く立場」だったとしても、自分から引き止めた、というスタンスで。

時計は、長話の途中で何度も気にするのではなく、切り上げたいときに一度だけ効果的な小道具として使います。

「また今度」と話の続きを受け入れる余裕があることも伝えて。

その日は法事で…
そこをなんとか…

どうにもならないことなら

具体的な理由を

「その日は法事があってだめなの」などと具体的な理由を話しましょう。それでもお願いが続くなら、頼む側のマナー違反です。

追い詰めない、無理させないというお願いの大前提からはずれた行為に応える必要はありません。

無駄に時間をかけない

答えを保留にすれば、次の人にお願いするチャンスを奪うことになります。即答できないなら「明日まで待って」と期限を伝えましょう。「いちおう考えさせて」と言われた側は、それがほぼことわりの表現だと受け止めたほうが間違いがありません。期限を過ぎても連絡がないからといって「この間の件どう？」と深追いするのはやめましょう。

一杯どうですか？（近所の旦那さん同士で）

意気投合、幻滅・退屈のどっちの可能性も含むお酒の席は賭けです。逃げてばかりも不粋なので、一度おつきあいしてみましょう。その結果、以後は遠慮したいなら、「女房がめしをつくって待ってるんですよ」などの理由をいくつか用意して。

下戸なのに誘われたら

「飲めないんですけど、おともさせてください」と、お酒が飲めないことは店に向かう前に伝えます。店では相手にどんどんお酒を勧めましょう。飲めないことがわかれば、その後は誘われることは減るはずです。

異性を紹介されそうになったら…（親戚のおばさんに）

せっかくですが、お気持ちだけありがたくいただきます。実は、おつきあいしている人がいるんですよ～

まずは好意に感謝の気持ちを。

どうです一杯
いいですね行きますか

「つきあってる相手はどんな人？」と聞かれたからといって、詳しく話す必要はありません。

普通の人ですよ

などと、その場をゆるく濁します。

PTA・町内会、マンション管理組合の役員

「家の事情で今年だけはどうしてもお引き受けできないのですが、来年以降なら…」

絶対に引き受けないというわけではないことを伝えましょう。「忙しい」や「暇な人に頼んでください」と言うと「みんな暇じゃないわよ！」と思われてしまいます。周りを見渡して自分が若いと思ったら「私のような若輩者にはまだ荷が重すぎます」。

誰かを勧めるその人自身が実はやりたいと思っていることもあるので、まずは「〇〇さんこそ適任ですよ」と返してみてもよいでしょう。

使い分けたいデートの申し込みの対応

その日は都合が悪いけど、ほかの日ならOKの場合
町田さんこんどの日曜日、○○に行きませんか
うわー残念。その次の日曜日だったらいいんですけど、どうですか
「また誘ってください」だけでは遠まわしなことわりと受け取られることも。誘われた側から具体的な次の提案を。
じゃあ来週の日曜日にしようっ

あまり気乗りがしないなら（婉曲的にNOを伝えたい場合）
町田さん日曜日に時間をもらえませんか
再来月なら、暇なときがあるかもしれないけど…
他に「○○ちゃんも誘っていい？」など。この言葉には「いいよ」という答えが返ってくるリスクがありますが、グループデートをしてみたいなら意外な展開が待っているかもしれません。
いいよ。再来月の日曜日、全部空けておくよ

きっぱりことわってもいいもの

マルチ商法・宗教
町田さん 日曜日に一緒に行ってほしいのは、おつきあい教の集会なんだ
佐古田さんとは会社の同僚として今後もおつきあいしたいけど、この件についてはおことわりします。ご遠慮いたします
同僚として…？
きっぱり
ええ、デートも、おつきあい教もおことわりしますが、大事な仕事仲間です

目的によっては、「忙しい」などの逃げの対応よりも積極的なノーの態度が必要。デートなども婉曲的な表現が伝わらないときは、きっぱりとおことわりを。

宗教の勧誘の場合は、「どの宗教に対しても差別はしないけれど」の気持ちを付け加えましょう。

NO!!

どんなことにせよ、ことわることが決まっているのなら、相手に期待をもたせる答え方はしてはいけません。また、大勢の前で恥をかかせるようなことわり方はしないこと。

お礼をする

Send Your Most Sincere Thanks to Someone

10では足りない感謝の気持ちを20にして伝えるために「ありがとう」に「嬉しいです」など、さらにひと言つけ加えたり、「ありがとう」と言われたときに「いいえ、私のほうこそ、お役に立ててよかったです」と自然に答えたいもの。

特別なことがなくてもお礼を言う

親しければ親しいほど「言わなくてもわかるはず」と「ありがとう」をおろそかにしがち。何かのお礼でなく、なんでもないときに日常会話の中で「ありがとう」と言えるのは、ステキなことです。

一歩進んだお礼言葉

「いつもご親切にありがとうございます」

「こんなにもお気遣いをいただけて、とても嬉しいです」

「お手数をかけてしまったけど、××さんにやっていただけて、本当に感謝しています」

「ご丁寧に恐れ入ります」

＊「わざわざありがとう」の「わざわざ」に、そこまでしなくても…」という嫌味的なニュアンスを感じる人もいるので注意。

子供がお菓子をもらったとき

子供は、誰かの家にお邪魔してお菓子をご馳走になったとしても、親に報告しないことが少なくありません。帰ってきたら「ご馳走になった？ 何かいただいた？」と確認し、次の機会にちょっとしたお礼としてお返しを。慌ててお礼に行く必要はありません。

夫婦間でもお礼を

「今日はゴミの日じゃない？」
「そうだわ。気づいてくれてありがとう」

夫婦は、「ありがとう」がおろそかになりがちです。誕生日や記念日じゃなくても、なにがどう嬉しかったかが伝わる一言を添えて、感謝の気持ちを伝えましょう。

恋人間のお礼

「××さんだからこそ気づいてくれたんだわ。ありがとう」

「あなただから」の気持ちを表現するのが、恋人にお礼を言うときのポイントです。

「力になれて嬉しいよ」

「ありがとう」と言われたら、「喜んでもらえて嬉しい」という気持ちを言葉や態度で表しましょう。

お礼代わりの「どうも」もNG

×「先日はどうも」

「どうも」は便利な言葉ですが、省略語です。あいさつの「どうも」と同様、よほど気心の知れた人同士以外は使わないほうがいいでしょう。「ありがとう」は出し惜しみせずに。

ほめる

Giving Someone a Compliment

ほめるという行為で、「私はあなたのよいところをちゃんと見てます」ということを伝えることができます。ただし、あまりに的ハズレなほめ言葉は、見えすいたお世辞に聞こえることも。

ほめるときのポイント

- 適度に関心を持って、他の人が見逃しているポイント、小さな変化を発見する。
- 努力していると感じた点を見習いたいという気持ちを込める。
- 大人数でいるときに一人だけをほめるのは避ける（「自分はほめてもらえない」「おべっかを使っている」と思う人もいます）。ただし、みんなにその人の知られざる功績、長所を紹介するのは効果的なほめ方。

ほめやすいペットと赤ちゃん

ペットは、ほめられた側も無邪気に反応できる

お行儀のよいワンちゃんですね。ガミ谷さんみたいですね
かわいいでしょう。いい子でしょう
お子さん、お母さんに似て美人になりそうね〜
男の子なんだけど…ま、いっか

赤ちゃんは、かわいいのは当たり前だから、一言プラス。

（独身なら）「私も子供ほしくなっちゃうなぁ」母親を誇らしげな気持ちにさせられます。

ほめられたときのポイント

- ○「うれしいわ」「ありがとう」とすぐ反応し、ほめ返すことも忘れずに。
- ○「お上手ね。でも、××さんに言われるとすごく嬉しい」「そんなこと言われたの、はじめてよ〜」と笑顔とともに言えば、テレてることも伝わる。
- ○友だち同士なら、あえて「まあね」「もっと大きな声で言ってほしいわ」など自慢表現もOK。

それに、その髪型（髪の色）、とてもステキ！
夏川さんは何を着てもお似合いですね

高価な物であることを讃えてもほめたことにはならない

モノをほめるときに「高かったでしょう」と価格を持ち出すのは、経済力をほめたことにはなっても、本人をほめたことにはなりません。よほど親しい人でない限り、ほめるという行為の中でお金に関する話題は避けたほうがよいでしょう。

基本は、本人自身をほめること

髪型

〝新しい髪型は、その人にいちばん似合う髪型である〟がおつきあいの鉄則。「ちょっと切りすぎちゃったわ」と返されても同調せずに、「ちょうどいいわよ」と自信を持たせて。

服装

服装だけでなく、全体の雰囲気をほめたことになります。ブランドや素材よりも、そのデザインや色を選んだセンスをほめましょう。いつもパンツルックの人がスカートを身に着けていたときや着物のときなどは絶好のほめチャンス。「ステキなエプロンですね」と日常のアイテムをほめられるのも嬉しいものです。

時計・バッグ・靴など

小物にはその人のプライドやこだわりが凝縮されています。新品でなくても「凝ったデザインね」と気づいてあげることが大切です。とはいっても「カルティエの○○番ね」などと詳しさをアピールすると、品定めをされているようで不快感を持たれることも。

鈴木さんって
すぐいじけるけど、
そこがカワイイ
のよね〜
山田さんは
一言多いけど
本当は気遣い
屋さんなのよね…
なんだかんだ
言っても
いいコンビね
ほんとね

友だちをほめる

友だちをほめるときには、悪い点を指摘しながら、そこがまた魅力でもあると伝えたり、わざとけなしておいてほめることで長所を際立たせる「落とし上げ」のほめ方ができます。

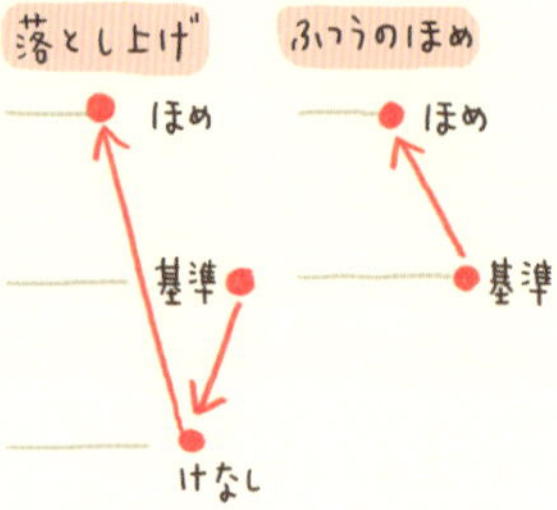
ふつうのほめ
ほめ
基準
落とし上げ
ほめ
基準
けなし

意外とほめ合うことのない間柄ですが、細やかな心遣いを感じたときは、言葉にして伝えるようにしましょう。長いつきあいだから、口に出さなくてもわかってもらえると思うのは間違いです。

家庭内でも恋人同士でもほめあいたい

「あなたと結婚した（つきあった）おかげで…」「この家に生まれたおかげで…」あとに続ける言葉によって、夫や恋人、親をほめる言葉になります。たとえば「おいしいものを食べにいける」「いろんな本を読める」「アートやスポーツの知識が増えた」「動物好きになった」「気遣いができるようになった」「おおらかになった」「キレイ好きになった」など。とくに恋人同士はたくさんほめ合って。

さとしとつきあってから仕事が好きになったわ
いろいろ教えてもらえるから♡

相手の夫や彼をほめると、本人をほめる以上の効果

ガミ谷さんのご主人、ヌボーッとしてるかと思ったけど、やるときゃやりそうよね
そーだね。少なくとも、女を見る目だけは確かだね
メロンパン、いる？
あら、今日は気前がいいのね♪

「やさしそうだけど、いざというときに頼りになりそうですね」

「〇〇さんのご主人（彼）の笑顔を見ると、あなたがいつも元気な理由がわかるわ」

「あんなステキな人を選ぶなんてさすがね」

「いつも仲がよくてうらやましいわ」

家庭内や恋人同士ではほめあうのが恥ずかしくても、子供や親しい人に「うちのお父さん（主人・彼）はやさしい」などとさりげなく夫（彼）をほめることはできるでしょう。まわりまわって「奥さん（彼女）がほめてたわよ」と伝わることもあります。

この間、奥さん君のこと、面倒見がいいってほめてたよ
部下の面倒もよろしく、主任!!
はいっっ
カエルチョコ

住まいをほめる

全体

「さすが、○○さんが選んだだけのことはあるわ」

その住まいを選んだセンスを賞賛しましょう。一人暮らしなら「○○さんらしいお部屋ね」は必須。

「駅から近いし、間取りも使いやすそうだし、収納スペースも多くて最高ね」

よい住まいの条件を満たしていたら、「よい物件を見つけてさすが」の気持ちを込めて。

キッチン

「お勝手」と言えどもキッチンには、勝手に入らないこと。もし案内されたら、

「この調味料はどんな料理に使うの？」

調味料の豊富な家には料理好きがいると思って、ほぼ間違いありません。ほかには、調理器具や家電に興味をもつこと＝《イコール》ほめることです。

ベランダ、庭

「お手入れが行き届いてキレイですね」

手がかかるスペースだけに、ほめられると「手入れの大変さをわかってくれているんだわ」と嬉しくなります。

大人のおつきあい力検定

悩

女同士でのお出かけのとき、友だちが、自分が着てきた新しい服を「ちょっと派手かなあ？」と聞くので、「さあ…」って答えたら、機嫌悪くなっちゃったんです。どう答えたらよかったんでしょうか（悩みん・鈴木さん）

1「客観的に言うと、ちょっと派手かもね」

2「そんなことないよ。似合ってるって」

3「いつもと違う雰囲気で、いいんじゃない」

どの答え方がよいと思いますか？

点

数をつけるなら…

1→0点
2→5点
3→3点

解説

セリフの向こうに「もっとほめて」というサインが隠れているのを見抜くのが、大人の洞察力であり友情です。同意してしまう**1**は論外。相手はそれなりに不安な気持ちを抱いているので、**3**のひねったほめ方より、**2**の素直な賞賛のほうが喜ばれるでしょう。

注文をつける

Making a Special Request

正義をふりかざしたり、言い負かすことで、相手の態度がかえって硬化する場合も。実現すべき目的、そのためのベストな方法はなにかを考えましょう。自分の気持ちや考えをしっかり伝えることが大切ですが、相手は単に気づいていないだけの可能性があることも忘れずに。指摘された側は、指摘してくれた勇気に対して感謝したいもの。

燃えないゴミは
○曜日、
○時〜○時までに出してください
アルプスマンション管理人
あ、この前、間違えちゃった…
アルプスマンションゴミ置場
アルプスマンションゴミ置場

心がけたい「注文」5原則

1
「たいへん申し上げにくいのですが」「思い過ごしかもしれませんが」
相手に心の準備をさせるため、自分を落ちつかせるための一言を発したあとで、自分の気持ちや考えを伝える。

2
「できれば、やめていただきたい」
「困ってます」と言い切るのではなくお願いする。

3
「もしかしたら事情があるのかも」
相手にも「迷惑かけているかもしれないけど」と後ろめたい気持ちや事情があるかもしれないと想像する。

4
徒党を組まない
大人数で相手を責めれば、逃げ道をふさぐだけでなく、恥をかかせることにも。欠かせないのは相手への配慮。「みんなが迷惑しています」では「みんなって誰？」となってしまうので避ける。

5
子供に「言わない」「言わせない」
夫（妻）に直接言わずに、たとえば、「お父さん、約束を破ってばかりだね」などと、（夫に）聞こえるように子供に言ったり、「お父さんの嘘つき」などと、子供に（吹き込んで）言わせないこと。また、子供に対しては、「そんなことしていると、お母さんに怒られるぞ」など、ひとのせいにせず、自分の言葉で伝えること。

ヒデヨシはなんでいつも、はり紙の前でうんちするんだ？
犬のフンは飼い主が持ち帰ってください
よりによって…

個人に注文をつける前に

町内掲示板や回覧板の利用やメモを郵便受けに入れるなどのソフトな対応は、個人攻撃を避けるためにも有効です。

直接言うなら
燃えないゴミは○曜日ですよ。週に2日あればいいんですけどね
あ、うっかりしてました。ありがとうございます

軽く教える形式で言うほうが素直に聞いてもらえます。相手はただのうっかりミスかもしれません。間違いを指摘された側は、言い訳の前に素直に謝ります。ゴミ出しで意地をはって争う意味はまったくありません。正しい出し方を教えてもらった場合にはお礼の言葉を。

もう〜、脱ぎっぱなしにしないで〜。怒った私より笑顔の私のほうが好きでしょ？

あ〜、ごめんごめん

家庭内なら爆発を避けて小出しに

夫婦や親子は、小出しにして注文をつけやすい関係なのだから、会話の一部としてかわいらしく指摘を。こうしたらもっとよくなるといった一言を加えて前向きな会話にすれば、相手も素直な反応をしやすいかも。

あれ？今日は爆発しないんだ…

ヨソの子を叱る

いたずらを目撃したら本人（子供）に直接注意しましょう。親には↓

先日注意しちゃったけれど、もしも落ち込んでいるようだったらフォローしてあげてください
健ちゃん危いから登っちゃダメ！

迷惑かけられたこと、注意したことを気にしていることを同時に伝えられます。

騒音

昨夜はずいぶん賑やかでしたね
お客さんがたくさん来ていたものですから…
うるさくてご迷惑だったでしょう。ごめんなさい

間接的な言いまわしでわかってもらえる関係を築くのがベストです。犬の鳴き声がうるさいときは「昨夜、お宅のワンちゃんがずいぶん吠えてたけど、不審な人がうろうろしていたのかしら」という言い方ができますが、飼い主はペットに関してはかわいさが先に立ち、真意を汲み取ってもらえないことも。

子供に干渉しすぎ（主に舅姑に対して）

かわいがってくださるのはうれしいんですけど…
まずは愛情に感謝してから
この時間にお菓子を食べるとタごはんを食べなくなっちゃうんです
モグモグ
モグモグ

「中学受験なんかさせないでのびのび育てなさいよ」と言われたときは、「確かにそういう考えもありますけれど、うちなりに考えて受験させようと決めたんです」などと答えましょう。教育方法は、話し合いで妥協点を見つけるようなことではなく、ただの見解の相違です。

友だちに注文をつける

わー、久しぶり。りかちゃん、彼氏できても電話くらいちょうだいよ。薄情ね〜
なに言ってんの〜、最近ちっとも連絡くれないのはももちゃんでしょ。彼氏でもできたんじゃない？

欠点を個性として受け止めることができるのが友だちです。

欠点を指摘することが親切な行為になる場合もありますが、「自分のことは棚に上げて」と思われてしまうことも。自分に言う資格があるのかどうかを慎重に考えてからにしましょう。

昨夜は夜泣きがひどくて、うるさかったでしょ
ごめんなさい
うぎゃ〜

全然平気よ。気にしないで！

あやまられたときに、許す行為を無理なくスマートに行うことによって、よりお近づきになれることも。"許す"は、災い転じて福となす絶好のチャンスです。

許すの基本

あやまる側には引け目や不安があるものです。絶妙のタイミングで、あっさり許せる自分をアピールしたいもの。

「どうか気になさらないでください」

「こんなに気を遣っていただいてこちらこそ悪いわ。ありがとう」

「よくあることよ。悪気があったわけじゃないことはよくわかっているから」

1 許す行為は、誰に対しても平等に。
「〜さんだから」という表現は、ほかでは有効ですが、「許す」ときには微妙なことも。あなただから特別に許すと言ってしまっては、ほかの人では許さないという不公平感を生むことも。

2 あやまる側の人格を全否定しない。
あなたが悪い人ではないことは十分にわかっている、ということを強調する。

3 「○○してくれたら許す」とは、基本的に言わない。
許す側が優位な立場だからといって、余計な行為を強要するのは失礼です。ただし、夫婦や恋人などの間柄であったり、冗談になる内容であれば、OKな場合も。

4 一度許したら（許してもらったら）、お互いに蒸し返さない。

借りた物を懐したり、なくしたとき

ももちゃん
ごめんなさい。借りた本をなくしてしまったの
どうしたの？
まずは、あやまりの言葉
さっき電車の網棚に置き忘れてしまって、
今探しているんだけど、見つからないの
なくしたらすぐに連絡
探す努力をしている
大事な本でしょう。本当にごめんなさい
弁償するわ
大事なものであることの認識がある
弁償する気持ちがある
いいよいいよ弁償なんて気にしないで
でも
許しの言葉と弁償を望んでいないことはできるだけ間髪入れずに。
許してもらっても気がすまない

お金で解決しようという姿勢を見せ過ぎるのは、好印象を与えません。「弁償する」は、最初に持ち出さないほうが賢明。

あやまる側が、言いづらいことを一生懸命言おうとする姿勢こそが、相手にとっては許してあげようかなと思う唯一のよりどころ。言わないままにしておくことが最もいけないパターンで、なくした物以上に信用を失います。

NG!
だまっていよう
弁償すればいっか

恋人からのプレゼントをなくしたとき

ごめんなさい！
誕生日にもらったピアス、なくしちゃった

素直になくした事実を伝え、お詫びの言葉を。ごまかし、言い訳、開き直りはNGです。

いつまでも「ごめんね」を繰り返したり、「同じ物を買うわ」と言うのも考えものです。

仕方ないさ。気にしないでいいよ
お金ためてやっと買ったのに……ショック…

ごめん
怒った？
ほんとごめん
もういいって
自分で買うから
許してくれるよね？

小さな“偶然の事故”を長く引きずることは、彼にとって気持ちのいいものではありません。同じ物を自分で買ってほしいとも思いません。

実はさ、僕も…

恋人がプレゼントをなくしたときも一度許したら引きずってはいけません。彼のつらい気持ちをやさしく理解して。

えぇーっ
私があげた財布落としちゃったの～～!?
どうして？
信じられな～いっ
ごめん…
財布も中身の金も、信用も失ったツライ。

失言、失態をしたとき

え?! 何かありましたっけ?

「何のこと?」

深刻な顔をしてあやまる相手に、そんなに深刻にならなくてもよいことを伝えるための一言。

米田さん、この間は言い過ぎたわ。ごめんなさい
米田さんの頭がおにぎりに見えたから、ついつい、「米田さんの具は梅干し? それともシャケ?」って

「この間は失礼なことを言っちゃってごめんね」

失言や失態は、「悪気があったわけじゃない」、「何も言ってこないから気にしてないだろう」と片付けずに、気がついたらあやまりましょう。相手がなにも言わないから気にしていないだろうと考えないこと。実際は、気にしていることもあります。

「申し訳ない気持ちを抱かせてしまって、かえってごめんね」

自分にも原因の一端があったかもしれないと考え、「こちらこそごめんね」と自分のいたらなさを反省したり、「気にしてくれてありがとう」と、気遣いに感謝することで、丸くおさまることもあります。

な〜んだ そんなこと気にしていたの? ごめんね〜
それより カモメスーパーで安売りしてるから、これから一緒に行きましょうよ!!

姑とのいざこざ

あいさん、料理の味、濃すぎじゃない？

教えていただいてありがとうございます
「なかなか慣れず、お恥ずかしいです」

「おっしゃる通りですね。今後気をつけます」

あいさんは大雑把だからお料理の味も大雑把なのよね〜気をつけないと。

お、母さん。

お義母さんは私のことを思って言ってくださったんですよね〜

大月家は上品な味が好きなのよ

主婦として後輩であることは事実です。注意してくれたことにまず感謝を。素直がいちばんです。

どんな嫁でも姑にとっては、多少は目障りな存在。いちいち反応してもしょうがないことはやり過ごしましょう。

あえて口にすることもときには効果があります。姑に限らず、年長者の言うことにとりあえず耳を傾けてみることは、おつきあいの基本。

姑の小言を受け流すコツ

姑とのいざこざのときは、腹を立てて反抗するのではなく、おおらかな気持ちで受け止めたいもの。その時のポイントとは……。

1 自分が憎くて言ってるわけではない。恨まれてるわけでもない。ただお節介なだけと考える。

2 物の言い方に腹が立ったら、単に言い方がヘタな人だと思う。

3 自分も姑にとっては不愉快な存在かもしれないのだから、お互いさま。

例外的な「〇〇してくれたら許す」

ちょっとした手伝いを要求する（夫に）

さっきは助け舟を出せなくてごめん
お皿洗ってくれたら許すわ
OK!
「そんなことで許してもらえるならお安い御用」と張り切って家事を手伝ってもらえるかも。
わーっピカピカッでも、まだちょっと磨きが足りないかしら
えっ？
ついでにお風呂もキレイに磨いて！
・・・
調子に乗りすぎて、相手に引かれないように。

「マッサージしてくれたら許すわ」（恋人に）

実は、そんなに怒っていないということを伝えるための一言。恋人は喜んでマッサージしてくれるでしょう。

笑えるほどに途方もない要求を出す（仲のよい友人に）

でもやっぱり本、弁償するわ…
じゃあ、これから南の島でヤシの実を拾ってきてくれたら許すわ
ヤシの実
ぷっ
絶対にできないことを要求し、冗談にすることでお互いに笑い合って、許し、許される関係になることができます。

仲直り、仲裁

Healing Relationships and Healing the Breach

仲直りするときは、お互いがあやまるだけでなく、何がいけなかったかを教えてもらい、自分の言い分もある程度伝えましょう。

米田さんってしょうがない人ねっ
それは坂東さんでしょ！

かかわらないほうがいい場合

ご近所の奥さん同士のいざこざには、首をつっ込まないほうがよいでしょう。意見を求められてもかわすこと。小さな派閥闘争に巻き込まれることになりかねないからです。

help!
どっちも正しいと思うよ。誤解もあるだろうから、まあ、落ち着いて話して

仲裁は公平中立の立場で

「どっちも悪い」にすると両方に恨まれることも。また、片方の味方をしてしまうと、もう一方を孤立させてしまうことに。どちらも正当性を主張したいのですから話を聞くしかないのです。

先にあやまる

あなたの言葉についカッとなっちゃったのよ。でも、ごめんなさい。私も言いすぎたわ

たいていの場合どっちもどっちですから先にあやまるのが鉄則。あやまりの言葉は相手の謝罪を引き出す誘い水にもなります。近しい関係ほど、けんかすると「自分は悪くない」と主張したくなり、けんかの原因となった事柄以外のネタを引っぱり出しがちですが、言いたいことはワンポイントで。

先にあやまられたら

「ごめんなさい。私が悪かったわ」

「ううん。ちょうど今電話しようと思っていたの。私のほうこそごめんなさい。連絡ありがとう。これからもよろしくね」

先にあやまりの言葉を口にしてくれた人に感謝の気持ちを。

私も、大人げなかったわ。ごめんなさい

孫たちのことを思って言っているのよ
わかってますけど！

オカメのえさ、買っといてくれって頼んだだろう!?
聞いてませんよ！

嫁姑のけんか

最もけんかを避けたい間柄ですが、けんかをしてしまったときは、ずるずるといがみあうより早めに仲直りする道を探すこと。夫に言いたいことをぶつけるのは、ストレス発散としては悪くありません。でも夫にスーパーマン的役割を求めても無理です。

舅姑のけんか

けんかに直接口出しすることはできませんが、翌々日～週末くらいに「今夜は外食にしましょうか」と明るい雰囲気をつくる配慮ぐらいは心がけて。

明日、カメフェアがあるんです。みんなで行きませんか？

仲直りは嫁から

姑があやまってくることは期待できません。冷静になって、嫁から「ごめんなさい」とあやまることが先決ですが、ほかにも

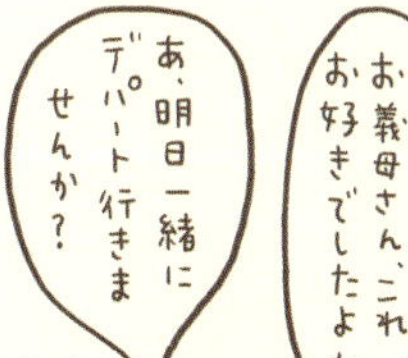
お義母さん、これお好きでしたよね
あ、明日一緒にデパート行きませんか？

など歩み寄りたい気持ちを表現して。

カエルチョコ
まあ、カエルチョコ♡

そうね、久しぶりにデパートに行きましょう

姑だって「嫁は自分のことを憎んでいるのではないか」と不安なのです。

子供同士のけんか

子供のけんかは、原則通り、両成敗です。

お互いにごめんなさいは？握手しよう！

疎遠になるのがいやならあやまる

いくらけんかしても、翌日にまた学校で顔を合わせて、つきあいの続く子供と違い、大人はいったんこじれたら疎遠策をとり、そのまま関係が切れてしまうこともあります。疎遠になるのがいやなら早めにあやまりましょう。

日常の訪問

A Casual Visit

あらかじめ約束したうえで訪問する場合だけでなく、日常の行き来にもさりげない気遣いをしたいものです。

訪問の基本

食事時やどの家でも忙しい朝は訪問を避けます。夜の訪問は8時までを目安に。「明日うかがいます」ではなく、「明日の○時頃うかがいます」など、目安となる時間を伝えましょう。

近所の子供が遊びに来た ～あえて気を遣わないという気遣い～

子供同士の日常の訪問にもてなしは不要ですが、「○くん家のおばちゃんは何も出してくれなかった」と言われたくないなら、冷蔵庫の中にある夕食にひびかない程度のものを。これは、子供の親に「ご馳走になってしまって申し訳ない」といった負担を感じさせない配慮でもあります。

よその家に子供を遊びに行かせるときも基本は手ぶらで。持たせていいのは、おすそわけの品があるときです。過分な手土産は、子供同士のつきあいには不要です。

わー、そのメロン、取手がついてるーっ
オレンジ
これママから

ついでにお昼ごはんを誘うのはかまいませんが、親に電話で連絡を。電話を受けたら「申し訳ないから子供を帰して」というのは無粋。好意をありがたく受け止めるのも子供同士のつきあいには大切です。ただし晩ごはんの誘いは避けたほうがいいでしょう。

焼きそば食べていく？

まあ、すみません…

厄介払いではなく、親に対する礼儀でもあります。日が暮れてしまったら家まで送りましょう。もてなしよりも安全な帰宅のほうが大切です。

おうちで心配してるからそろそろ帰りましょうね

子供を迎えに行ったときに

あがってお茶でも

と言われたら、誘いに応じても。もしかしたら子育ての相談があるのかもしれませんし、仲良くなるチャンスでもあります。

計画的な子供のお泊まり時は

あいさつ、晩ごはんの準備の手伝い、布団のあげおろし、冷蔵庫や押し入れを開けないことなどを訪問前にきちんと教えます。よその子が泊まりに来たときも「晩ごはんの準備手伝って」と頼んでいいのです。

家庭訪問

先生は家の様子を知るために家庭訪問をします。特別なおしゃれをする必要はなく、エプロンを外す程度で。たいていは15分程度と短い時間ですから、子育ての悩み相談まではできません。自分の事情や他人の子のことばかり言うのも避けましょう。

今日は一段と…

一人暮らしの恋人宅を訪問
いくら恋人でも女房づらされるのは嫌なものです。恋人といえども他人なのですから、最初の訪問で、掃除や料理はやりすぎ。
…
へえ この本おもしろそう! 見ていい?
カエルの陰謀
彼は本の並べ方を変えたり、興味を持ってほしいものを目立つところに置いている可能性大。さっと見渡して気づいてあげたいもの。気づいたら、自分も興味を持ったことを伝えましょう。
【間持たせアイテム1】
恋人宅では意外と間が持たないものです。そんな時に便利なのは写真。昔の写真を見せてもらうとよいでしょう。
NG
この人 誰?
親と同居の恋人宅を訪問
嫁的な行動は慎しむ。
NG
気安く
お母さん
と呼ばない。
ドキドキ
食事をご馳走になるときも勝手にキッチンには踏み込まず、
kitchen
お手伝いしましょうか
と声をかけて
食器を運ぶ程度に。
控えめな行為が好印象につながります。
彼は自分の母親との接し方を見ています。
世間話だけでは間が持たないこともあるので、お母さんの趣味や好みを事前に聞いておくと話題も広がり、あいづちを打ちやすくなります。
【間持たせアイテム2】
いちばんありがたいのは、彼の家にペットがいること。
一緒に遊べばさらに間が持ちます。
かわいい
名前は何ですか
お見送りのとき
たとえ社交辞令だとしても嬉しい言葉です。
また来てね~

大人のおつきあい力検定
石原さん お仕事中、すみません
ももさん、どうしたんですか？
悩
それが先日…
彼の両親を交えて談笑していたときに、彼の母親が「この子は、昔からチャッカリしていて」と言うんです。こんな時どんなリアクションが望ましかったんでしょうか。
（悩み人・町田もも）
ではももさんは次のうちどの返しがよいと思いますか？
1「もちろん知ってますよ。それにほかにも…」
2「え－、そうなんですか。不器用そうに見えるけど…」
3「彼を侮辱するようなことを言わないでください！」
?
点数をつけるなら…
1→2点
2→5点
3→0点です。
解説
1は、会話を発展させることはできますが、母親の前で「母親の知らない彼の一面」を披露するのは、あまりに命知らずな所業です。ここは2のように「まだまだ、彼のことをわかってない気配」を見せておくのが、大人の配慮であり用心。3は問題外です。
で、ももさんは何てあいづちを？
「お母さん似ですか？」って聞いちゃいました
度胸満点ですね

同居する

Living With Someone Under One Roof

たとえ家族となる人でも、価値観の違う人間がひとつ屋根の下に住むのですから、あらかじめ、ある程度の取り決めが必要です。きちんと言葉にして伝えることも必要で「言わなくてもわかるはず」は通じません。

二世帯同居

いずれは同居も考えているんだけどお義母さんとうまくやっていけるか心配で…
二世帯同居は、ちょっとした家族経営の会社と思うと割り切りができていいらしいわよ

義母

家政部部長

一家の実質的中心

立場を明確に

嫁

家政部社員

役割を演じることもときに必要。

義父

総務部部長

細々とした実務担当で、活躍する存在ではないが、最終的な判断をする存在。「お義父さんとお義母さんのような夫婦が理想です」が最高のほめ言葉になります。

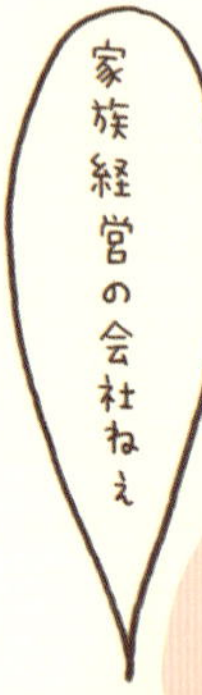
家族経営の会社ねえ

夫

総務部社員

人事部的な役割も。両者の言い分に耳を傾けて足りない言葉を補います。母には嫁のよいところや嫁の母に対する思いやりを嫁には母の真意を伝えましょう。

欠かせないのはホウレンソウ（報告、連絡、相談）

家事全般や子供の面倒などの日常的なことがら、妊娠、夫の昇進などのニュース、友人や両親の訪問、外出時に関することなどは、まず姑に報告、連絡、相談するのが基本。ひとつ屋根の下に住んでいても、子供の面倒を見てもらうときなどは別々に住む姑とつきあうときと同じような気遣いが必要です。

パートナーと住む

ある程度決まったしきたりや手順がある結婚と違って、同棲はお互いの家を行き来しているうちになんとなく……というケースが多いものです。なしくずし的に始まったとしても、生活費や家事の分担について話し合えない相手とは、うまくいかない可能性が高いでしょう。

同棲は結婚生活の序章ではありますが、夫婦ではないことを自覚して、お互いのプライバシーを尊重すること。一足飛びに相手のすべてを知ろうとするより、毎日、ちょっとずつ相手の魅力を見つけるつもりで。

へー、ようこ、結婚するんだ~
ねえ、結婚てどう思う?

△
一緒に住まない?
でも、まだつきあい始めたばかりだし

(女性から同居を口にして)男性が素直に結婚を意識してくれればいいのですが、「俺は、(まだ結婚を)考えてないよ」と腰が引けてしまったりすることも。たとえ同棲していても、いずれ結婚か別離かどちらかを選ばなければならない決断のときがやってきます。同棲の提案よりも、友人が結婚したときなどに「結婚ってどう思う?」とお互いの考えを話し合うほうが未来の扉を開くきっかけになるかもしれません。

友だちとルームシェア

学生時代など期間限定の同居が無難。自分の家でもあるのに(友人が)入りづらい状況になるのは避けたいもの。彼氏や自分の友人を招きたいときは、数日前に同居人に相談を。

友だちと同居のポイント

1 干渉しすぎない。相手のことを気にしすぎない。

2 暮らし始めて知った相手のクセや習慣は、迷惑行為でなければ多少はがまん。

3 機嫌の悪い顔は、相手に余計な心配をかけてしまうからなるべく見せない。

またりっちゃんの彼来てるんだ

携帯電話を使う

Etiquette for Using Cell Phones

目の前にいる人をないがしろにして、携帯電話の操作をするのは避けたいもの。急を要することなのかどうかを的確に判断することが大切です。

デート中

電源を切ってデートに没頭するのもよいのですが、〝慌ただしく電源オフ〟はかえって怪しまれることにも。共通の知人ならさりげなく「○○さんからだわ」などと発信者を告げましょう。

●彼の携帯が鳴ったら

デートのとき、彼が長々と話し込むようなら「誰から?」はソフトな抗議として有効かも。

私と仕事、どっちが大事なのかな～?
逆効果
仕事に忙しい自分をアピール

2人、または数人で食事をしている最中の携帯電話

●電話の場合

送話相手に気を遣ったつもりで、「大丈夫。重要な打ち合わせじゃないから」などと言わないこと。「ちょっとごめんなさい」と言って席を立ち、店の外などで電話に出ます。

●メールの場合

至急返事をしなければならないなら

ごめんなさい。すぐ返信しないといけないので、失礼
ピッピッ

と一言ことわりを。急ぎでなければ、メールは控えて。もしくはトイレという口実で席を立ち、返信しましょう。

履歴チェックはNG

夫婦・恋人でも、プライバシーを大切にするのが、「いつまでも仲良し」のコツ。家族でも携帯電話の履歴をチェックしたり、鳴っている携帯電話に勝手に出たりするのはルール違反。履歴は消せますから、チェックにはあまり意味がありません。そんなことで自分をおとしめたり、あとで自己嫌悪になるのはバカバカしいこと。

携帯電話、メールのタイミング

携帯電話は、家電話やPCメールよりも早く伝わるという利点があるので、急用時は便利ですが、急ぐ必要もないのに多用するのは考えもの。適宜使い分けましょう。

携帯だからいつでもOKと思っていたら、実は相手にとって迷惑だったなんてことも。仕事中に携帯メールを送ってよいか、相手に確認しておきましょう。

子育て中の友だちへの携帯送信は考えたいもの。育児に手がかかる時期は夕方以降はとくに忙しいので、急ぎの連絡は他の家族に対応してもらえる家電話に、急がない用事のときはPCメールに。

写メール

なんで、こんなにアップなの？
またガミ谷さんから、ヒデヨシの写メール…

相手のリアクションを強要していることになりかねない写メールは、実は意外と受け取った側にはうっとうしかったりもします。反応がなくてもがっかりしたり、ムッとしたりしないように。

留守電

留守電に切り替わったときは、名前と用件を手短に残しましょう。履歴だけが残って留守電が入っていないと、受けた側に余計な心配をかけることになります。

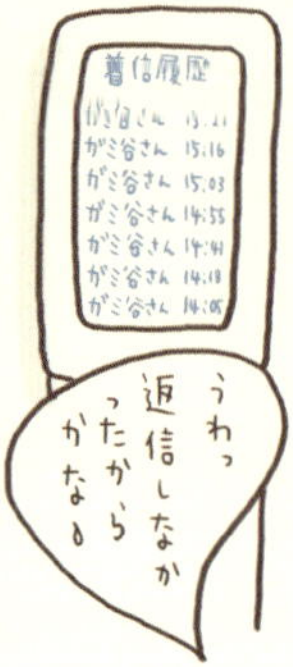
着信履歴
ガミ谷さん 15:21
ガミ谷さん 15:16
ガミ谷さん 15:03
ガミ谷さん 14:55
ガミ谷さん 14:41
ガミ谷さん 14:18
ガミ谷さん 14:05
うわっ返信しなかったからかな。

携帯電話に出るとき

登録していて送信相手が誰かわかる電話は、「はーい」と軽く出てすぐに本題に入ってもいいのですが、目上の人からの電話の場合は、受け取ったときに名前を名乗りましょう。未登録の電話番号からかかってきたら、警戒する意味で「はい」だけでOK。

はい宮下です
今ちょっといい？
申し訳ありません。今、手が離せないので、こちらから折り返しお電話します

遅くとも1時間以内には折り返し電話をしましょう。

かけ直すとき

プツッ
もしもし先程は失礼いたしました
あっすみません電波の状況が…

電波状況が悪くて切れてしまった場合は、移動し、かけ直します。

もしもーし？おーい宮下さん
もしもーしもしもーし

電波状況が悪くない側は、あわてて何回もかけ直さず、少し待つこと。

大人のおつきあい力検定

もー、さとしったら～♥
ももちゃんこそ
あ、電話 ちょっとごめんね
ブルブル
また同じ番号だ・・・
ブルブル
間違い電話だった
いいえ違います
プッ
悩
石原さんこういうときどうしたらいいんですか
（悩み人・町田もも）
ヒソヒソ
ブルブル
ヒソヒソ…
石原さん、問題はいいから、答えを早く！
1 電話をとって間違いであることを丁寧に説明する
2 「あ、また同じ人だ」とつぶやいて、電話はとらない
3 電話をとって「いいかげんにしてください！」と一喝する
全部、聞こえてるけど
ブルブル
点 数をつけるなら…
1→5点
2→2点
3→0点
解説
うっとうしい事態ですが、ここで優先すべきは、間違い電話の主への対処ではなく、目の前にいる彼にどういう印象を与えるかです。3は、安全な場所から威張っているだけのみっともない対応。ここは「できた女性」っぽさを見せつけるチャンスと捉えて、ことさらやさしい口調で対応してあげて

幼稚園や小学校でのおつきあい

Relationship with People in Your Children's Kindergarten or Elementary School

学生時代の友だちや幼な馴染みとは違うママ同士のおつきあい。幼稚園や保育園、小学校は、世代、考え方、環境の違う人同士が集まる場所という点では、会社と似ているかもしれません。おつきあいも、親の仕事いうちと軽やかに考えましょう。

基本のポイント

1. 完璧なママを目指さない

×「送り迎え、お弁当、手作り小物。役員もやって、ママ友のお茶会にも参加して、バザーの品も恥ずかしくない物を揃えて…完全無欠のママにならなくちゃ」

ママ友のおつきあいにも優先順位をつけて。送り迎えのあとでお茶に誘われても、ことわることも必要。

2. （無理に）仲良くなろうとしない

ママ友から子育て以外の愚痴を話されても「それはちょっと」と引かれてしまうかも。限られた場所でのおつきあいと考える人もいることをわきまえて。

3. 深刻になりすぎない

○「先日言ったことを○○さんは気にしているかしら？ とりあえず軽くあやまっておこうっと」

子育て中のママは忙しいので、細かいことまでいちいち気にしていられません。「ちょっとマズったかな」と思っても、次に顔を合わせたときに「こんにちは」と声をかけたら、いつもと同じ反応が返ってくることも。

×ねえ、今からお茶しに行かない？ 仕事の愚痴を聞いてほしいの
ごめんなさい。掃除の途中で出かけたから、早く片付けないと。また、ぜひ誘ってください
そうだ、先日はごめんなさいね
何のこと？

4 育児方法を押しつけない

×「うちは、お菓子は絶対食べさせないの。○○さんもそうすべきよ」（我が子にお菓子を与えるママに）

育児方法は親が決めるもの。自分の方針を話すのは結構ですが、「あなたもそうすべき」と押し付けることのないように。

5 お茶代などは、自分の分は自分で

○「コーヒーの人は400円、オレンジジュースの人は500円ね」（喫茶店で）

喫茶店でのお茶会やお食事会などは、割り勘（各自の飲食分がわかるときは、自分の分を払う）を基本に。「お返ししなくては」という負担を相手に与えないこと。

6 派閥を作らない

×「○○さんのところは私立を受験するらしいから、話が合わないわよね」（自分と同じ受験しないママに）

お受験組、高年収組、自営業組……どんな派閥であってもすべて無用。なんとなくできてしまったグループでも、排他的にならないように。

7 子供同士を競わせない

×「今度の発表会の主役は、うちの子か○○ちゃんのどっちかよね、きっと」（○○ちゃんのママに）

×「○○さん家の○○ちゃんにだけは負けちゃダメよ！」（自分の子供に）

親が勝手に、無理やり子供を比較して一喜一憂しても、親同士、子供同士（親子間も）ギクシャクするだけ。子供にとっては迷惑な話です。

×夏川さんのご主人って○○商事にお勤めなんでしょ。うらやましいわ
……
うめぼし幼稚園

8 私生活に踏み込みすぎない

子供以外の家族の話も、当然話題にのぼるでしょう。自分の家と比べた言い方をしないほうが賢明。「マンション買わないの？」「お姑さんとうまくいってる？」などの質問も避けたほうが無難。

9 気の合わない人とは無理につきあわなくていい

「お茶飲みに行きましょうよ」「今度一緒に買い物に」「○○さんはいつもステキで憧れちゃうわ」「昨日焼いたケーキなの。召し上がって」（×八方美人になって忙しいママ）

理由のあるなしにかかわらず、気の合わない人とまで無理につきあったり、全員と仲良くならなくてもいいのです。また、気の合わないことを自分のせいと考えすぎないこと。

保育園ママ（特徴）

- キャリアウーマンやパートなど、働く事情やスタイルは違っても、働くママとしての結束が固い。
- 母子・父子家庭などの事情を抱えている人もいる。
- 仕事と子育ての両立のため、緻密なスケジュールで行動している。

← お互いの仕事を尊重し、家庭の事情はせんさくせず、うわさ話も気にしないことを心がけて。

幼稚園、保育園の保護者会の役員

お願いするとき

× みんなやっているんだからお願いします

○ 一緒にやりましょうよ。たいへんだけどそれなりに楽しいわよ

「一緒に」と誘ったり、「○○さんなら心強い」と強調すると、効果的。

ことわるとき

× 「仕事が忙しいので私はできません」

とくに保育園ママは、働いている人ばかりですから、「仕事が忙しい」はことわる理由にはなりません。

○ 今年は例年以上に仕事が立て込んでいまして、お引き受けしても満足な働きができず、かえってご迷惑をおかけしてしまいます

運動会やお遊戯会

子供の活躍を楽しむだけでなく、親同士の貴重な交流の場になると考えて。日頃顔を合わせない人にあいさつをするいい機会に。

幼稚園ママ（特徴）

- 子育てに時間をかけられる分、お互いの対抗意識が強くなりがち。
- ママ同士のお茶会や子供を含めてのレジャーなど、共に過ごす時間が多い。
- お受験問題を抱えているママもいる。

←

家庭での子育ての様子やお互いの子供をより知る機会が多いだけに、仲良くなれば、密なおつきあいも可能。

お受験

神経質にならなくても、お受験組は自然と固まる傾向にあります。「受験するの？」と聞かれたら隠す必要はありませんが、どの小学校を受験するかまでは答えなくてよいでしょう。（他人にも聞かないのがマナー）

保育園、幼稚園の先生に対して

ある程度子供を任せる覚悟を。親として「子離れの第一歩が始まっている」という自覚を持ちましょう。

連絡帳

「うちの子は、家で先生のことばかり話すんですよ。先生が初恋の人になりそうです」とほほえましいエピソードを披露したり、「悪いことをしたら、遠慮なく叱ってください」と信頼の気持ちを伝えると、よりよい関係が築けます。

小学校ママ

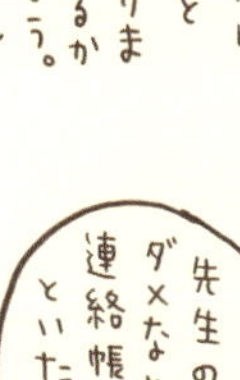
先生のダメなところ連絡帳に書いといたからっ

小学校の先生に

先生は教育のプロです。プロとして尊重しない限り実力を発揮してくれません。あらさがしをするよりも、いいところを見つけ、ときには先生の考えを代弁することも必要です。子供は長い時間行動を共にし、指導を受けるのですから、母親は先生を敬う気持ちを子供に話すほうが賢明です。

保育園、幼稚園、小学校にクレーム

興奮を押さえ、落ち着いて考え、クレームを言うべきと判断したら、まずは連絡帳（対先生）や手紙（対園長、校長）に書きます。文面は冷静に。

お母さんが先生のことをダメだって言ってたよ

おつきあいを深める

Developing Cordial Relationship with Someone

なんとなく気が合うからもうちょっとお近づきになりたいと思うとき、おつきあいのアクセルを踏み込むことが必要になりますが、くれぐれも助手席の人（相手）をびっくりさせるような加速は避けて。

納戸の片付け中
この箱何だっけ？
わーアルバムじゃん
なつかし〜
アルバム
パパ若いねー
るりちゃんかわいい♪

もっと仲良くなりたい相手に対する好意を示す

るりちゃんとはゼミが違ったけど
いつもステキですね。どこでお買物しているんですか？
思い切って声をかけたことがきっかけで、
ありがとう これはね……
話が盛り上って、
今度メールしていいですか？
メール交換したり、だんだん仲良しに♪

女性↓女性

「いつもステキですね」相手に親近感を持っていることを伝える一言。好感を持たれていやな気分になる人は滅多にいません。

メールに何を書く？

女性↓女性の場合、メールアドレスの交換のきっかけになった共通の趣味の話題などから徐々におつきあいを深めて。

女性↕男性の場合

男性の場合、恋の予感に盛り上がっていることを積極的に伝えて。

女性↓女性 女性↕男性

相手に関心を持っていることを伝えるためには、前の会話の内容を心にとめ、自分なりに調べて、新しい情報を提示して誘うのがグッド。同性でも異性でも有効なお近づき方法です。

この間、チーズケーキが好きって言ってたよね。おいしいお店を見つけたから行ってみない？
うん！行く！
うちのゼミの大月くんがね、あいちゃんのこと紹介してって
えー誰それ

友情を深める

友人とのおつきあいは、お互いのペースを乱すことなく、徐々に、強めの遠火でじわじわと熱する感じで。

疎遠になった旧友

今現在身近にいる人だけでなく、少し距離のできた人も大事にしたいものです。疎遠になってしまった友だちと旧交を温めたくなったら、メール、葉書、手紙などで近況の報告を。年賀状の季節なら久しぶりに出してみましょう。その際は、思い出したきっかけを伝えると自然です。

片付け中止
るりちゃんに手紙書こう
元気かな

女性から告白する

るりちゃんに紹介されて、
大月まなとくん
よろしく
町田あいです
ふたりで会ううちに
むしろ私の方がもっと好きになっちゃって

恋愛感情が沸点に達するまでの時間は、男性と女性では違うことが多いもの。女性が先に沸騰したのなら、女性から告白するのも自然。

「告白するタイミングがつかめない」と臆病になっている男性が、女性からの告白に背中を押され、一緒に盛り上がれることも。

私のほうが先に沸点に達しちゃったんだよなー

それで…告白を決意して練習したりして
好きになってもいいですか？
なーんか変か…

彼(彼女)がいる人に言うセリフのような、寸止めの告白のような…。言われた側も、「告白されたのか？」とちょっととまどうかもしれません。「どうぞご自由に」と突き放されてしまうことも。

お待たせ

あ、あのね、さっき、るりちゃんに「大月くんとあいちゃんってつきあってるんでしょ」って聞かれちゃった。なんて答えたらいいんだろうね?
ポ
えっ!?

なんとなくつきあい始めたとしても、確認の言葉を交わしたほうがよいのですが、男性からの告白を促したいなら、こんな攻めも悪くないかも。

あ、えっと
大月くん、まなとって呼んでいいかな
そう呼んだら嫌?
ボッ

名前の呼び方が変わったときに、「恋人になった」という実感を持つ人は少なくありません。呼び名を変えることでつきあいを深めるのもひとつの方法。また、(相手が)呼び方を変えるきっかけは見つけにくいものなので、「名前で呼んでもらえると嬉しいな」など、やんわりと誘導してあげたいものです。

ボボボッ
いや、えーと、つまり
つきあってください

彼、彼女になりたいときの正攻法の一言。この一言をおざなりにしないことがおつきあいの不安を解消し、長続きさせるコツ。

パパ、うぶだったなぁ~
アルバム

秘密、悩み相談

Secret and Consultation

相談する、される、秘密を共有する、という行為は、通常のおつきあい以上の親近感や信頼感がなければできないもの。お互いがその気持ちを尊重することが、悩み相談や秘密の共有には欠かせません。

相談する側の期待と相談される側の役割

「相談する」行為には、相手の反応になんらかの期待が込められているもの。相談されたら、なにを期待されているのか見極めて。

相談する側の期待
パターン1
親身になって話を聞いて、共感してほしいケース
ももちゃん、聞いてよ、彼ってほんと優柔不断なんだよー！困っちゃう
この間だってね
パターン2
誰かに話すことで感情のたかぶりをおさえて、考えを整理したいケース
へんな話してごめんね
パターン3
なんらかの具体的なアドバイス、解決策がほしいケース
どっちの言うことが正しいと思う？どうしたらいいと思う？
パターン4
励ましたり、叱ったり、背中を押したりしてほしいケース
私、このまま彼と結婚していいのか、悩んじゃう…

相談される側の役割

あーうん、わかるわかる。
さとしもねー同じ。優柔不断で、嫌になることがあるよ

「共感してほしい」という気持ちは、どんな相談にも共通です。まずは、「わかるわ」「そうよね」と理解の姿勢で。

いーよいーよ。気にしないで。話ならいつでも聞くよ

「こんな話聞かせてしまってごめんね」、「聞いてくれてありがとう」という言葉が出たら、それ以上はせんさくしないこと。アドバイスをしなくても、聞いてあげるだけで助けになることも。

うーん、私だったら…
直接文句言っちゃうと思うな
「もっとちゃんと考えてよ」とか

「どっちが正しいと思う?」と言われたからといって、相手はあなたに裁判官になってほしいわけではありません。期待しているのはむしろ弁護士の役割でしょう。アドバイスするなら、「あなたはこうすべき」ではなく、「私だったらこうすると思う」と話すのもひとつの方法。

なに言ってんの、ラブラブなくせして〜
ま、男なんてたいてい優柔不断なのよっ

すでに結論が出ているのに、あとひと押しがほしくて、他人に相談するケース。結婚が決まっている友人から「彼でほんとにいいのかと悩んでいる」と言われたときは、「彼はあなたをとても大切に思ってるよ。私も、みんなも彼を信頼してる」と相手を安心させることも必要。

くよくよ悩み
最近太っちゃったよ
しわも増えて
これらは、ほとんど愚痴や話の前フリ。「そんなことないよ」と否定したり、「私も」と共感するだけで、十分なことも。
ほんとだね
ひどいじゃないのっ!

手に負えない相談
妻と離婚調停中なんですが、そのことで相談に乗ってほしくて……
わ、わたしには荷が重いです
借金、離婚、病気、ストーカー、DVなどは話をよく聞いたうえで、専門機関への相談を勧めること。
よほどのことでない限り、深入りは避けるべき問題。

恋愛相談
もう絶対別れる! 彼ったらさーっ
「(アドバイスをもらうことよりも)聞いてほしい」という気持ちが最も大きいのが、恋愛相談。
それはひどい男だね〜
同調して彼の悪口を言ったり、
別れたほうがいい
結論を出されたりすると、
そんなこと言われたくない!
などと逆ギレされることも。答えはその人の中で出ていることも多いのです。

親に相談

ねーお母さん、こういうときどうしたらいい？

ほんとに、まだまだ子供ねえ
ときには相談することで、「まだ親を頼りにしているところがあるのね」と喜ばれますが…

人間関係を相談すると、
今日はねえ、同じマンションの人にね…

お母さん、今日、大月のお義母さんと言い合いに…

……あんた大丈夫なの？

余計な心配をかけることも。

余計な心配をかけないのが親子のマナー。

姑に相談

子育て相談をはじめ、
先輩としてのアドバイスを求めたいときに相談すると、
最近、大《だい》がちっとも言うことをきかなくて…
なに、あいさん、そんなこと悩んでるの？まだまだダメねー
姑は頼りにされていることを実感し、うれしいもの。
ご近所とのつきあい方なんですけど
任せなさい。あいさん、なんでも聞いてね
近所つきあいや冠婚葬祭についてもまずは姑に相談して。

相談する側の心得

●「話を聞いてくれてありがとう」という感謝の気持ちが大切。意に沿わないからといって怒らないこと。

●恋人や夫婦間のことについて、より客観的な意見を聞きたいときは、彼（夫）のことを知らない人に相談を。相談される側も、自分が知らない人についての相談なら、負担が軽くなります。

●アドバイスを忠実に実行する必要はありませんが、事態が好転したのなら「この間はありがとう。おかげさまで～」と結果の報告を。

ももちゃん、この間は相談に乗ってくれてありがとう
その後どうなった？
相変わらずだけど気が楽になったわ…

相談される側の心得

●まずは真剣に話を聞くこと。自分が相談に乗れることかを考え、「自分だったらどうするか？」という観点で考え、答えること。

●「その後どうなった？」と聞くのはいいですが、いい結果にならなかったからといって気にしすぎないこと。

●相談に乗ることで、「相手がなにを考えているか」を知ることができます。「相談に乗るほど親しくないから」と避けてばかりでなく、（親しくなりたい相手なら）親しくなかったんとも近づくきっかけに。

秘密の取り扱い

△「○さんだから言うけど（○さんだけにはわかってほしいんだけど）」

「○さんだから」「○さんだけに」と限定するのは、親密だからこそ言えるし、より親密になるための方法でもあります。ただし、相手に負担をかける言葉でもあるので、乱発しないよう注意。

過去
今のボクはここだよ？
ぜーんぶ知りたいの

男女間

夫婦（恋人）だからといって、自分の過去をすべて話さなければいけないわけではありません。また、夫婦（恋人）だからといって相手の過去をすべて知ろうと思わないように。

どうして黙っていたのよ!!

秘密がばれたとき

秘密にしたいことには、それなりの理由があるものです。「どうして黙ってたの!?」と、迫ったりしない!! 秘密を聞かないほうが幸せなこともあります。また、（自分が）楽になるためにすべてを話してしまうことで、相手を深く傷つけたり、さらなる負担を背負わせてしまうこともあります。

お別れする

Saying Farewell to Someone

引っ越す

別れは、どんなときでも「たつ鳥、あとをにごさず」が基本です。

「今度の日曜日に引っ越します。当日は朝からお騒がせすることになりますが、よろしくお願いします」親しいご近所なら早めに伝えてもいいですが、そうでない人に早く知らせすぎると「餞別を期待してるのかしら」と思われかねません。また、ひとり暮らしでもあいさつはきちんとしましょう。

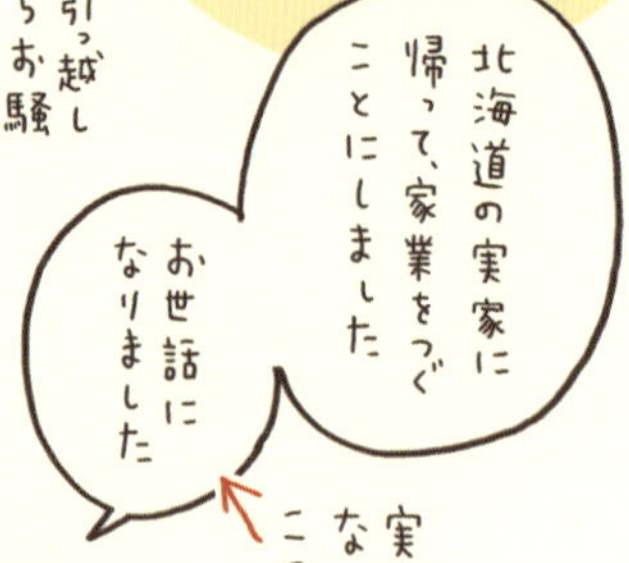
北海道の実家に帰って、家業をつぐことにしました
お世話になりました

実際お世話になっていなくても、この言葉は必ず。

うちの子寂しがるから、手紙を書いてあげてね

子供の転校

子供の友だちにはレターセットなどをお別れの品としてプレゼント。

恋人と別れる

○「別れましょう」

恋人同士なら、メールや電話ではなく、きちんと会って別れを告げること。たとえ関係がギクシャクして、お互いにうまくいっていないことを感じていても、そのまま自然消滅させてしまうのはよくありません。

電話やメールに反応しない、「都合が悪い」と言って逃げてばかりでは、別れにはならないのです。つきあい始めと同じく、きちんと言葉にして伝えること。

○「もっと好きな人ができたの」

本当にほかに好きな人ができて、彼への愛情が冷めたと自覚したのなら、なるべく早く告げること。恋愛は誠実に。

あなたと
やっていく自信がないわ。
別れましょう

△「私の悪いところを直すから」

夫婦と違って、直したからといって再び好きになれるかというと、そうでない場合がほとんどです。自分に非がない場合、あまり自分から歩み寄りすぎると、「都合がいい女(男)」になることも。

引っ越しのあいさつを受けたら

寂しくなるわ。近くに来たら寄ってくださいね

北海道は食べ物がおいしくて、いいところですよね

寂しさを伝えることは最低限のマナー。引っ越し先を聞いたら、その土地のよいところをほめましょう。「寒くてたいへんね」などとマイナス面を言わないように。

恋人ときれいに別れるためのポイント

そうだね別れよう

- 別れ話を切り出す前に、「大事な話がある」と伝え、心の準備をさせる。
- 別れ話はどちらかの家ではなく、喫茶店やレストランなどで。静かすぎず、多少の長居もできるファミリーレストランなどがよい。
- 「これ以上おつきあいできない」「私のわがままなの」と切々と訴える。
- 過去の出来事を持ち出さない。今の気持ちのみを伝えればいい。
- 相手に原因があるにしても今さらどうにもならないので、「俺のどこが嫌になったんだ？」と聞かれても、具体的な欠点は言わない。
- 「捨てゼリフ」を吐かれても相手にせず、「今日までありがとう」と笑って去る。

別れたら

- 鍵と借りた物は返す。プレゼントは返されても相手も困るので、返さなくていい。「返せ」と言われたら、手元にあるものは宅配便などで返却する。
- 別れた後で不用意に相手の悪口を言わない。
- 「いつか見返してやる」と思うのは無意味。言葉にするのはさらに無意味。

- 別れた恋人（夫婦）とは、その後は最小限のつきあいを。お互いなるべく接することのないように心がけるのがマナー。仕事や学校で顔を合わせないわけにいかないとしても、あいさつ程度で。別れた恋人同士（夫婦）は、周りの人が反応に困らない程度の仲の良さで。

鍵は返すわ
指輪は…太っちゃって抜けないのよね

大人のおつきあい力検定
そうだね 別れよう
石原さん こんにちは
家庭の事情で、北海道に引っ越すことになりまして
（悩み人・冬木さん）
悩
大家さんにあいさつに行ったら「また、戻って来たら寄ってね」と言ってくれたんですけど、どう答えればいいですか？ 実際、もう戻ってこれそうもないんですけど…
そうですか…寂しくなりますね。それでは次のうちどれがいいと思いますか？
1「ありがとうございます。また絶対来ます」
2「嬉しいです。ホント、そういう機会があるといいですね」
3「残念ですけど、たぶんもう来ることはないと思います」
点
数をつけるなら…
1 ー5点
2 ー2点
3 ー0点
解説
たとえ、ふたたび来る可能性はまずなくても、正直に3のように答えるのはあまりに寂しすぎます。お互いに「もう会うことはないかな」と思いつつ、そう言ってくれたら1のように返して惜別の情を表現し合うのが大人のマナー。2はちょっと中途半端です。
なるほど

訪問時の手土産

A Present when You Call on Someone

手土産を選ぶのは楽しいものです。訪問先の人が「お持たせですが」、「みなさんでいただきましょう」とその場で広げるという選択もできる"消え物"に、「喜んでほしい」という気持ちをたっぷり込めて。

事前に

1 訪問先の好みを聞いておきましょう。

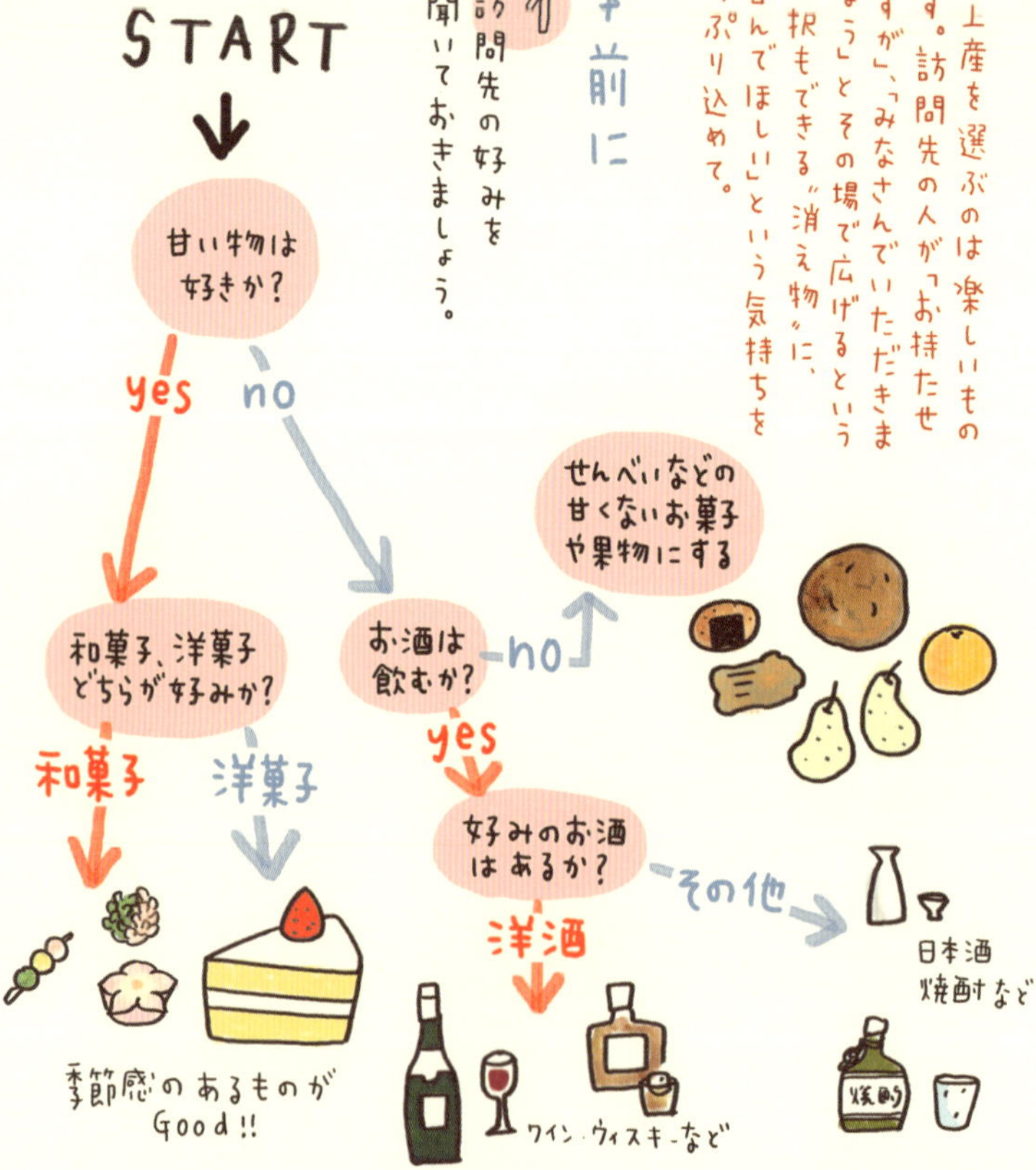

START
甘い物は好きか?
yes
no
和菓子、洋菓子どちらが好みか?
和菓子
洋菓子
季節感のあるものがGood!!
お酒は飲むか?
no
せんべいなどの甘くないお菓子や果物にする
yes
好みのお酒はあるか?
洋酒
ワイン・ウィスキーなど
その他
日本酒
焼酎など
焼酎

2 訪問先の家族の人数や年齢構成を確認しましょう。お年寄りのいる家にかた焼きせんべいを持っていったり、家族の人数に対して多すぎる(少なすぎる)物を持っていったりすることのないように。

3 日持ちを考えましょう。なま物は、「みんなで食べようと思って」、「なま物だから早めに食べてね」と言える間柄にならいいでしょう。はじめて訪問する人には(もらった側は慌てて食べなくてはいけないので)、日持ちする物のほうが無難。

季節感のある手土産

春
さくら餅、道明寺、草餅、かしわ餅
いちごなどの春のフルーツ
夏
あんみつ、水ようかん、くず餅、わらび餅、フルーツゼリー、プリン
さくらんぼ・桃などの夏のフルーツ
秋
スイートポテト、モンブラン、マロングラッセ
りんご・梨・ぶどうなどの秋のフルーツ
冬
タイ焼き、ドラ焼き、懐中しるこ、チョコレート

○

うちの近くのケーキ屋さんの焼き菓子が評判いいんです
まあどこにお住まいなの？

自分の家の近くにあるおいしい物や、自分が食べておいしかった物を持っていくと、「どこのお店なの？」と会話がつながり、話題の提供にもなります。

△ 訪問先の家の近くで買う

どこの酒屋でもたいてい売っているお酒なら訪問先の近くで買っていいと思いがちですが、包装などから近くで購入したことがわかってしまうこともあります。

△ 手作りのものを持っていく

友だち同士の訪問や味に自信があるならOKですが、そうでない場合は避けたほうがよいでしょう。

デパ地下の落とし穴

全国的に有名な店の物でも、実は訪問先に本店があったり、訪問先の名物だったりすることも。遠方への訪問時には、自分の地元の名産を手土産の候補に。

クッション言葉一覧
単刀直入に要件を切り出す前に付け加えたいのが、クッション言葉。思いやりの一言で、相手は次に続く要件に対して、心の準備をすることができます。
誘う前に
迷惑でしょうが…
もしよろしかったら……
お願いをする前に
お手数ですが…
恐れ入りますが…
ぶしつけで恐縮ですが…
ことわる前に
申し訳ございません…
残念ながら…
あいにく…
せっかくですが…
注文をつける前に
申し上げにくいのですが…
ご存じとは思いますが…
厚かましいお願いですが…
たずねにくいことをたずねる前に
失礼ですけれども…
誰かにほめられたときに
おかげさまで…
お見舞いをいただいたときに
幸いにも…
幸か不幸か…
朝早くに訪問しなければならないとき、なにかしてもらったときに
早くから申し訳ございません

第2章

特別な日の、ワンランク上の心遣い

食事会、飲み会で、はじめての幹事

Organizing a Party for the First Time

全員が満足する100点満点の食事会や飲み会はなかなかできませんが、幹事の行動、心遣いで、会の印象は大きく変わるもの。参加者との気持ちよいコミュニケーションがとれれば、その会は、ほぼ成功です。

冬木さんの送別会をしようと思ってるんですが、再来週のご都合はいかがですか？
ありがとうございます

開催前に

日程を決める

○候補日をある程度絞ってから、参加予定者の希望を聞いて。送別会、歓迎会、誕生パーティなど主役が決まっている場合は、主役はもちろん、その人と親しい人の都合を優先することで、日程は自然と絞れます。

○最も希望が多かった日を開催日に（故意に誰かを外したと思われる心配がなく、公平）。

「大丈夫な日、たぶん大丈夫な日」を聞くのがポイント。「ダメな日」を聞いてしまうと、決定日が、ある一人にとって「ダメな日」だったとしたら、「私を避けた？」と思われてしまうかもしれないからです。

Restaurant

子供がいるから個室がいいかな

店を選ぶ

自分が行きたい店を基本に、メンバーの顔ぶれ、人数、おおよその予算、部屋のタイプを決定。孤立しそうな人がいるときは、「当日、幹事の私をサポートしていただけませんか？」と誘って。険悪な仲の人が参加するときでも、仲の良し悪しは本人同士の問題。近づけない程度の配慮でOK。

会費

あらかじめ会費を決めて、参加者に知らせるときは、少し高めの設定を。あとで追加で集めるよりも、少しお金を余らせて、返金するか、二次会などに回すほうが、好印象。

開催日に

幹事の役割は果たしつつ、も、開会、閉会のあいさつは年長者などにお願いして。

冬木ちぃちゃんのお別れ会を始めます

時折、テーブルをまわって「足りないものはないですか？料理は足りてますか？」と全体に目を配って。テーブルをまわることで、参加者全員とコミュニケーションをとることができます。

ドタキャンした人を責めないように。とくに子供のいる人などは責められないドタキャン理由があるかもしれません。

「気にしないで」とやさしく気遣ってあげて。

制限時間30分前には、残り時間をアナウンス。同時に二次会のお知らせを。追い立てられるように店を出ては、せっかくの会も後味が悪くなりかねません。

幹事以外は

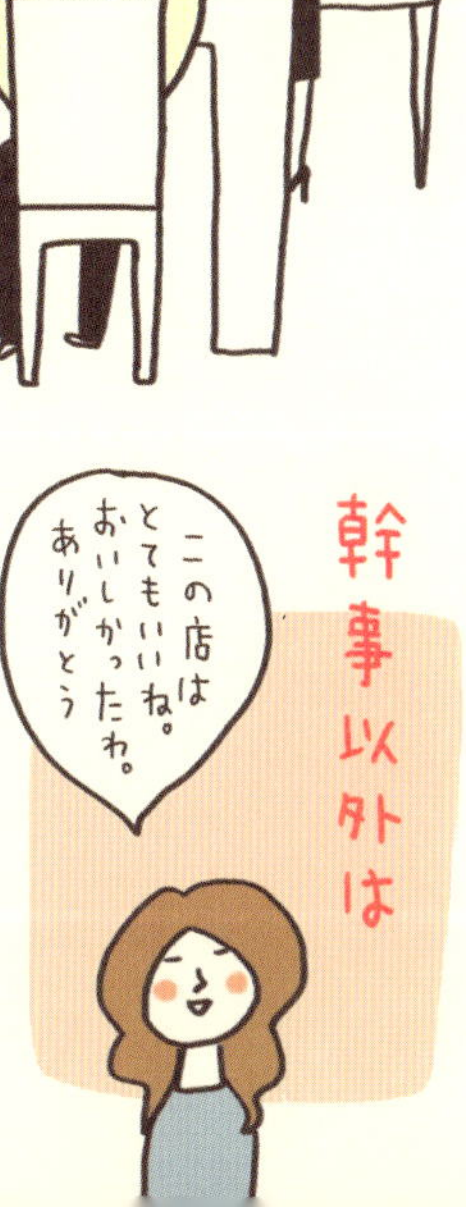
この店はとてもいいね。おいしかったわ。ありがとう

そのお店を選んだことをほめて感謝するのも、喜ばれます。

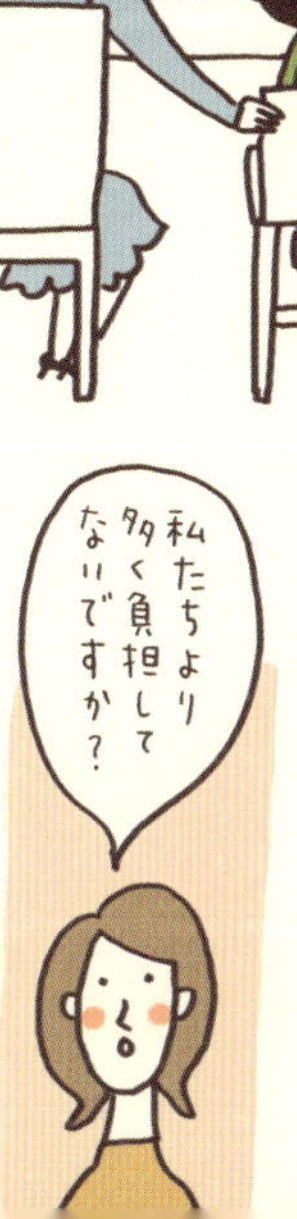
私たちより多く負担してないですか？

会計後にはさりげなく気遣いの一言を。端数など幹事が多めに負担していることもあります。

いい思い出ができました。ありがとうございました

合コンのキーワードは「まごころ」。お気に入りの人ばかり気にかけて、他の男性にはやる気のない態度を見せたり、女の子同士で盛り上がって、食べて飲んで「さようなら」では、マナー違反です。

結局私が彼に干渉しすぎてダメになったの
先輩！今度合コン企画しますから、元気出して下さいねっ

開催前の幹事

えーと 女子メンバーは
ゆい
みかさん
りえちゃん
ともさん

メンバーは3〜4名ずつがベスト。社交的なリーダータイプ、控え目だけれど、飲み会は嫌いでないタイプ、盛り上げるのが得意なタイプ、ルックスに自信があるタイプなどバランスを考えましょう。招集されたメンバーは、個人の目標達成を目指して尽力しつつも、チーム内での自分の役割を自覚して、多少の演技も辞さずに。

相手側の幹事から情報を集めます。幹事同士が仲の良い友人なら
どういう人たちが来るの？こっちはこういうメンバーを集めてるんだけど
と、ざっくばらんに聞いて予習。

今度の合コン、相手はどんな人たち？
精鋭が集まったらしいわ
事前情報は、適度に脚色したり、あいまいにしたり、臨機応変に。

事前情報については、男性側は、話半分に受け取るのが通常です。「美人がいるわ」と言ったからといって、男性は「期待を裏切られた」とは思いません。

かわいい子が集まったわよ

元気のいい子ばかりだから、気合い負けしないでねー

男性にヤル気を起こさせ、盛り上がる会にしたいときに、効果的。

合コンの日
ファーストコンタクト
メンバーが全くタイプでなかったとしても、がっかり顔は見せないで。
そういう表情はすぐ相手に悟られます。モチベーション低下のスパイラルが起こります。話してみると、気が合うこともよくあること。
身だしなみ
気合い次第ですが、スカートでなくてはダメと思い込む必要はありません。
ただ、「私はこんなところで男を探そうと思っているわけじゃありません」の気持ちを表すような普段着は、男性陣に対して失礼です。
では、乾杯!
乾杯の音頭は男性にまかせましょう。
乾杯&自己紹介
自己紹介も幹事に従いましょう
自己紹介は、1周目は下の名前を言ってください。2周目は趣味をお願いします
みかです
ぼくは亮一です!
ゆいちゃんとはどういうお知り合いなんですか!?
いきなり質問攻めにしないように。

実際に似ているかどうかは別として、芸能人に似ていると評するのは"ほめの一里塚"になります。

亮一さんって、下町のキムタクって感じですよね
えーっ 笑うしかないな みかさんはエビちゃんに似てますね

似ていない場合でも「雰囲気がキムタク」など、物は言いようです。参加者全員を有名人にたとえて盛り上がるのも合コンならでは。

実は、双子なんですよ。イ小ホ

誰かに似ていると言われたら、「そんなこと言われたのはじめて！」と喜んだり、「やっぱり？よく言われるんです」とお茶目に返すのも、お約束。

話題

○

大きいショッピングセンターが増えてますよね。あれってどうしてなんですか？

男性は、（会社自慢、仕事自慢をしたい人以外は）仕事の話はなるべく避けたいと思っている場合が多く、女性は仕事の話を聞きたいと思っていることが多いもの。

個人の仕事の内容や会社のことよりも、「自分の知らない業界の話を聞きたい」という点を強調すれば、ネタとして面白く話してくれるかも。

×

この間の合コンは、○○社の受付の人だったんだけど盛り上がったよ〜

男性も女性も他の合コンの話は、楽しい思い出でもそうでなくても避けたほうが無難。

△

結婚はしたくないんだけど、子供はほしいのよね

結婚や交際につなげたいというよりは、楽しく飲みたいと集まる合コンなら結婚観や子供観を話題にするのもOK。でも、（男女共）切迫した雰囲気がともなうと、ビミョーな話題となるので、慎重に。

態度

男性は、自分を見てくれているかどうか、自分の話を聞いてくれているかどうかを気にします。微笑みを携えて、話を聞くことが基本ですが、全員に同じ態度では、「単に愛想がいいだけ」と思われてしまうかも。もしも気に入った人がいたら、その人に対してはからだを真っ直ぐ向けて、少々前のめりになって話を聞く（する）のも有効。

×

本気で結婚相手を探しているんです!!

彼氏探しに必死な態度を見せると引かれてしまいます。反対に、あまりにも興味のない態度を見せるのは、その場がしらけるだけ。

○

ありがとう。気のきく人って仕事もできそう

お酌してくれたり、料理を取り分けてくれる女性が好きかどうかは人それぞれなので、無理にする必要はありません。まめまめしい男性に「いいダンナさんになりそう」と言うのはよいのですが、男性が女性に「いいお嫁さんになりそうだね」と言うと、「頭の古いヤツ」と思われてしまうかも。

チームプレイ

私なんか、会社ではただの雑用係ですから

そんなことないですよ。みかさんの仕事は企画力がないとできないもの

へー、そうなんだ

自慢に聞こえないように自分をアピールするのは難しいもの。そんなときは、お互いがメンバーのいいところを言ってあげます。自分のよさを表現できてない人をフォローし合い、合コンでチーム力を見せましょう。

メールアドレス交換

気に入った男性とだけメール交換したいのなら、話の中に出てきたお店などを口実に、「わかったらメールするからアドレスを教えて」などと、こっそりやりとりを。

じゃあ、わかったらメールして

お開き時

会費を安くしてもらったら

ありがとう

男女同額だからといって、文句を言うのは筋違い。

二次会をことわるときは

明日、早いから

「家が遠いから」という理由で十分。

これを忘れずに

今日はありがとう。楽しかったわ

あ、じゃあ駅まで一緒に

デート〈食事編〉

Etiquette for Dating in Restaurants

デートは共同作業。「盛り上げよう」という気持ちを共有できるかがポイント。相手の意表をつくことばかり考えても、成功するとは限りません。

食事デートの前に

服装を合わせたいから、どんなお店か聞いていい？
小洒落たイタリアンレストランだよ

うーん何を着ていこうかな♪

服装のミスマッチがあった場合、相手は気にしていなくても、自分の心に「恥をかかされた」との思いが残るかもしれません。デートする前に、お店のタイプを聞いておきましょう（相手の服装を聞くのも手）。相手が答えないときや、「もしかしたらサプライズ？」と思ったときは、自分も相手も恥をかかないファッションを。

デートのお礼は最初に

「今日はありがとう」

待ち合わせ場所で、最初に顔を合わせたときに言いたい一言。このデートを楽しみにしていたことを伝える言葉にもなります。

イタリアンなんて久しぶりだよ。
ありがと。楽しみだなー

レストランで

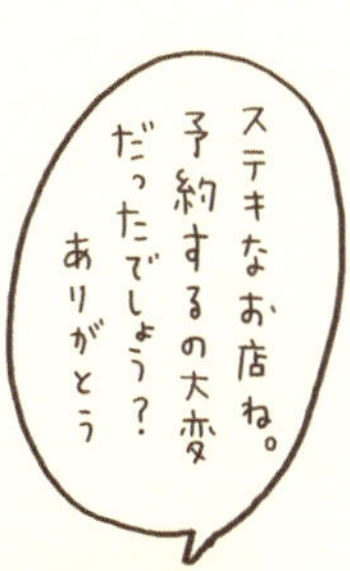
ステキなお店ね。予約するの大変だったでしょう？ありがとう

レストランに入ったら、その店を選んだセンスを讃えて感謝します。かしこまった店なら、素直に今の気持ちを言葉にして。

悪気はなくても「こういう店には慣れてるから」という態度、「この店、わりとおいしいのよね」と自分の食通ぶりをひけらかす言葉は、好印象を与えません。

誘った側は、「この店を予約するのはたいへんだった」と苦労を言うのはNG。お店のよいところ、一緒に食事する喜びをアピールしましょう。

ちょっと緊張しちゃう
この前、取引先につれてきてもらって、おいしかったから、ももちゃんと一緒に食べたかったんだ

会話が途切れたら

会話が途切れなければいいというわけではありませんが、無言の時間があると不安になるもの。

そんなときは自分から話題を提供し、彼が話題に乗ってくれたら、適度なあいづちを。

無口な人、口下手な人は、そのことを気にしているかもしれません。好意があるなら「一緒にいると落ち着くわ」と言って安心させて。

「この人とは合わないかな」と感じて、必要以上に黙り込んでしまうと、よりつらい時間になります。

ねえ、今話題のあの映画見た？

お会計のとき

自分が払う意思があるときは、店員が持ってきた伝票は、自分が受け取りましょう。伝票が席にあるときは、自分の側に置いておくと、意思表示にも。

トイレに立っている間に会計がすんでいた場合

あら？お会計は？
もうすんだよ
ごちそうさまでした。とてもおいしかったわ

男性は、女性がトイレに立っているうちにテーブルで会計をすませる。

この場合、男性はおごるつもり度100%です。「私も払う」と強情を張らずに、感謝の気持ちを伝えましょう。相手に好意を持ったなら、「今度は、私にごちそうさせてね」などと言うことで、次のデートにつなげられます。

おごる側の心遣い

好意の有無に関係なく、おごられるのが苦手な人もいます。「割り勘でお願いします」と言われても、「脈なし」と早々に決めつけないこと。
おごる側は、「おごってやったのに」と恩着せがましく思ってはいけません。総計いくらだったかなどは聞かれてもにごすのがスマート。

おごられる側の心構え

おごられる側にはそれなりの心構えが必要です。最初の食事で「今後のおつきあいは慎重に考えたほうがいいかも」と思ったら割り勘が基本。
「おごってくれてありがとう」ではなく、「今日は楽しかったわ。ありがとう」と、幸せなひとときを共有できたことに感謝を。

レジで会計する場合

【男性】
（女性に店外で待つように言い）レジで財布を出してお金を払う。
【女性】
店の外に出る。
男性が店の外に出てきたら「おいくらでしたか？」と財布に手をかける。
この場合、男性はおごるつもり度80％くらいです。

おいくらでしたか？
ごちそうするよ
ごちそうさまでした

「じゃあ、〇〇円だけ」と言われたら払いましょう。
最初から「××円でいい？」と自分から言うのは厚かましい印象。

女性が男性におごる

今日は私に払わせて。お店の外でちょっと待ってて

（男性に対して）これで払ってください

男性は自分が席を立っている間に会計をすまされてしまったり、お金を人前で渡されたりするとあまりいい気持ちがしないものです。
「いつもごちそうになっているから、今日は『私が』と思ったら、男性には店の外で待っていてもらいましょう。

前回のデートで彼にごちそうになったら、今度は自分で企画したデートに誘ってみては？ 誘い、誘われの関係が成立することで、恋人としてのおつきあいが円滑に進展します。

前回のごちそうのお礼として

「この間はごちそうさま。こんどは私につきあって。○○水族館に行ってみたいんだけど…今週末はどう？」などと前回のデートのお返しとして誘っていることを伝えれば、男性は「前回は合格点だったんだな」と思えて、嬉しいもの。「こんど」だけだと、社交辞令的でもあるので、早目の具体的な日をあげるのがポイント。

デート前に

情報収集

休館日、行き方などは、事前に調べておくことにこしたことはありません。ただし予期せぬことは必ず起こるもの。そういうときの振る舞いこそが、「本当の性格」と相手に思われます。

待ち合わせ

(電車を使ったデートの場合)男性が女性を迎えに行くのもよいですが、無理せず、目的地の最寄駅で待ち合わせを。渋滞、交通機関の遅れ、会場の入場規制など不測の事態が起こっても対応できるようにしておくことが、男女共にデートのマナーです。

混雑、順番待ち

長時間、列に並ばなくてはいけない人気スポットは、相手と話す時間が必然的に多くなります。より親しくなるためのチャンスですが、まだ親しくない段階ではお互いイライラするなどのリスクも。いろいろなアトラクションに乗ることよりも、相手と会話できることを喜んで。

手作りのお弁当

お弁当を作りたいと思ったら、「持っていきたいな」と言って反応を見ましょう。男性には、お弁当を喜ぶタイプと反応に困るタイプがいます。男性はランチプランを考えていたとしても「持ってきちゃったの？」と落胆せずに、まずはお弁当に喜び、ほめることを忘れずに。

猜疑心《さいぎしん》がめばえたら

デート中にメールを気にしたり、特定の場所でデートしたがらなかったり、都合悪いときに理由をちゃんと言わなかったり、名前を呼び間違えたり…。疑おうと思えば、どんなささいなことも怪しく思えるものです。元カレ、元カノについては言及しないのがマナーですが、どうしても気になるのなら「あなたのことが大好きだから、気になっちゃうの」と素直に聞いてみては？

やきもちを焼いているという態度を見せると、男性は悪い気はしないもの。「モテモテね」と笑ってあげるのも彼を持ち上げるひとつの方法です。
ただし、「なんの話？」など深追いはNGです。

別れのとき

「今日は楽しかったね。ありがとう。次はどこへ行こうか」決まり文句ですが、言わないと不安になります。シメの言葉としてしっかり使いましょう。つきあいを続けたいなら、別れた直後にメールを送るのも効果的。

別れは駅の改札で。相手が振り返ったりしたときに、もう誰かと携帯電話で話をしていたり、立ち去って姿が見えないと、相手はがっかりすることも。次の行動に移るのは、相手の姿が完全に見えなくなってから。

ドライブデート

渋滞中の男性はイライラしているだけでなく、「道の選択を間違えた」と後悔もしています。「混んでるわね」などと言わずに、「焦ってないわよ。じっくり話せて嬉しいわ」という気持ちを込めた言葉をかけて。

恋人とのおつきあい

恋人といえども他人ですから、束縛しすぎることは避けましょう。相手を尊重することとけじめを大切に。恋愛感情があってこそ、成り立つのが恋人同士。恋愛感情があるうちは修復も可能ですが、どちらかに恋愛感情がなくなったら終わりと覚悟しておくことがマナー。相手を疑うよりも、気持ちをストレートに伝えた上で信頼関係を築くのが本道。

大人のおつきあい力検定
あの…
石原さん、こんにちは。少し質問していいですか
どうぞどうぞ
実は、合コンで知り合った彼とつきあい始めて2カ月なんですが、
悩
その彼が、ちょっと慌てものなんです。デートのときに、地名や店名をやたら読み間違えるので、そのたびに、指摘すべきなのか迷ってしまいます。どうしたらいいですか？
（悩み人・りえさん）
はらやど（原《はら》宿《じゅく》）でも行こうか
ぷぷっ「はらやど」ですか
それはボケでしょう。つっ込んであげないと…
それはともかく、本当に間違えていた場合、次の答えのうちどれがいいと思いますか？
1 間違いに気づかないフリをしたまま適当にあいづちを打っておく
2「それを言うなら〇〇じゃないの」と正解を教えてあげる
3「そうそう、〇〇ってさ…」と正しい読み方に言い換えて気づかせる
私は爆笑しちゃったんですけど… 1ですか？
点数をつけるなら…
1↓0点
2↓5点
3↓3点
解説
これが会社の上司や先輩だったら、1を選ぶのが大人としての賢明な判断。しかし恋人同士の場合、そんなことも指摘できない関係なら、あるいは、指摘されて勝手に屈辱感を覚えるような器の小さい男なら、つきあいを考え直したほうがいいかも。2のように正解を教えてあげましょう。3は、気を遣ったつもりが、むしろイヤミっぽくなるかも。
いやいや、それよりつっ込みを…
わかりました。次に彼が間違えたら教えてあげます！

プロポーズ

Making the Marriage Proposal

恋愛のゴールは結婚だけではありません。でも、恋人としてのつきあいが続けば、結婚を意識するのも自然な流れ。結婚の話を意識的に避けるのも、「いったいどう思っているのかしら?」とヤキモキするのも、ストレスがたまります。結婚観をきちんと話し合えてこそ、ベストカップルです。

恋人がなかなか結婚を切り出さない
ねえ、お姉ちゃんどう思う? さとし、私と結婚する気、ないのかな

う〜んっ「私、お見合いをさせられることになったの」とか言って、彼の反応を見るとか

はっきりさせたい! 彼をあせらせたいという理由でのあてつけ行動は最も避けたいもの。お見合いやデートの相手にされた人は大迷惑です。

結婚前なのに他人の前で「彼のことは私が決める」とアピールしたり、人前で彼を尻に敷くような言動は、ちょっと引かれてしまうかも。

お見合いはちょっと…
この前、彼と会社の友人と喫茶店に行ったときね、「さとし、子供だから砂糖3つ入れて甘くするのがいいんだよね」って言って、勝手に入れちゃったの。
そしたら、「女房づらはイヤだな」って不機嫌になっちゃった

ありゃりゃ
それはちょっと失敗だったね

男性が結婚に踏み出せない理由は、生活力に自信がない、女性の結婚に対する期待の大きさが重いなど。派手な結婚生活に憧れているわけではないことを伝え、安心させてあげて。

恋人をその気にさせるために

彼はどっちのタイプ？

TYPE 1

その気はあるのに、勇気がなくて言い出せない（ように見える）。

↓

（仲むつまじい夫婦を見たときに）「あのご夫婦みたいに、いつまでも仲良くしていたいね」など、自分にも結婚願望があることを、それとなく相手に伝えて。

TYPE 2

結婚について考えてない。

↓

あえてストレートに「結婚ってどう思う？」と聞いて、まずは結婚を意識してもらうこと。次に仲の良い友だち夫婦の家にお邪魔するなどし、「結婚」というものにリアルな肌触りを与えて。

結婚している共通の友人に協力してもらって、「2人が結婚したらお似合いの夫婦になると思うよ。結婚っていいもんだよ」って言ってもらうとか。

多少無礼であっても、友人だからこそできるのが、ストレートな"背中押し行為"。

うん、考えてみるよ～

プロポーズのとき

女性は

女性側がリードして、結婚へ向かうのも、もちろんおかしくはありません。ただ、「プロポーズの言葉は自分が言いたい（言わなくてはいけない）」と思っている男性もいます。女性がリードしている場合でも、男性にそのチャンスを与えることも考えて。

うーんっ
この際、私からプロポーズしちゃう？

男性は

日時、場所、セリフなど、形式にこだわるのも恥ずかしいことではありません。小さな失敗ならほほえましい笑い話にもなります。

ももちゃん？聞いてる？
プロポーズってタイミングが難しいなー。

出産

Childbearing

出産は、結婚に並ぶ男女間の一大イベント。女性は自分の体調を最優先に、男性も赤ちゃんはもとより、まずは奥さんのからだへの気遣いを。

妊娠の報告

とても嬉しい報告があります
実は3人目ができまして

第一報は、夫と姑に。女性は、妊娠についての第一反応が気になるもの。

男性は予想していなかった妊娠でも、報告を受けたら、奇をてらわず喜びを表現すること。

ばんざーいっ!!

妊娠中

女性は、仕事や家事よりも体調を最優先にすべき時期。すべてを自分でしようとはせず、体調や体質の変化をきちんと伝えて。男性は妊婦のことを知ろうという積極的な姿勢をとり、周囲に協力してもらうこと。

あいさん、無理しないのよ
オレが運ぶよ
母さんも、これからときどき助けに寄ってくれよ

まー、おめでとうございます！
妊娠3か月がいちばんつらいのよね。
無理は禁物よ

妊娠中は、ニオイだけで気分が悪くなったり、食べ物の好みが変わることも多いもの。また、つわりのつらさなども人によって違うので、たいていのわがままは、大目に見てあげる気持ちで。

うぷっ
気持ち悪い

病院や出産方法の情報を与えるのはいいのですが、押し付けはNG。妊婦がほっとするのは、「大変さは、自分の経験からよくわかる」という共感の言葉です。

ええー、
立ち会い出産？
ご主人、かわいそう
じゃな～い？
いちご、
好きだった
のに…

出産のとき

いざ出産のときに、まわりに気遣いをする余裕はありません。頼れるならば、実家の母を頼るほうが、安心です。

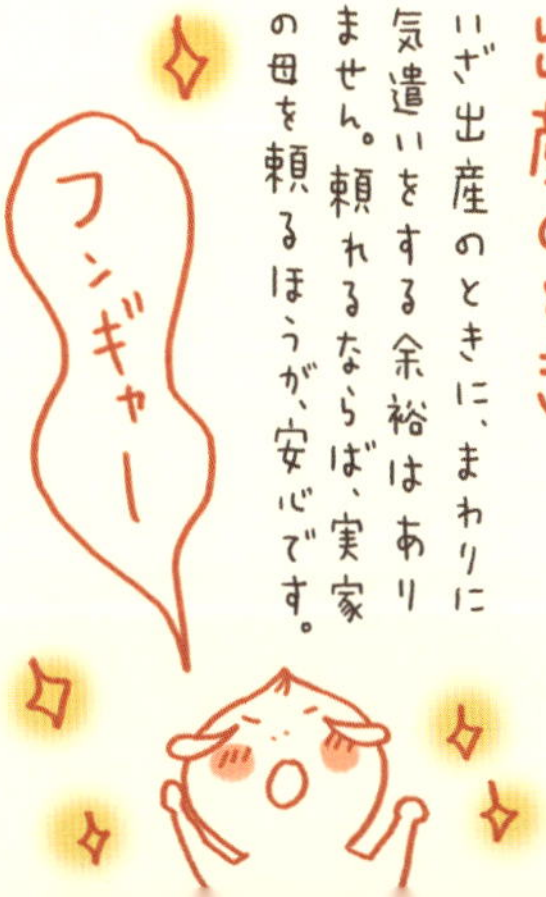
フンギャー

夫は？

大仕事を成し遂げた女性には「大変だったね。ゆっくり休んで」の言葉を。赤ちゃんの性別を聞いて、期待と違っていたからといって落胆しないこと。

…オレの子を
産んでくれて
ありがとう
赤ちゃんは
オレの子では
ありません、
私たち2人の
子です※

記念日

Anniversary

恋人や家族にとっての記念日は、おつきあいするうえで、便利な節目となります。うまく活用して、絆を深めましょう。

夫婦の記念日

夜中、日付けが変わったら、まず言葉だけでも感謝の気持ちを伝えて。普段なかなか言えなくても、記念日に、乾杯しつつであれば、自然に言えるもの。

3
2
1
0!!
んー
まなと!
いつもありがとう!!

結婚記念日、誕生日

欲しかった新しい家具や家電の購入や、豪華な旅行の計画も、記念日ならすんなり合意が得られるかも。

結婚記念日は旅行に行こうか
ハワイ
ピアス欲しいな

アクセサリーなど欲しいものをねだるのも許される日。

今日は誕生日だね。おめでとう!!
あれれ
嵐でもくるんじゃない? 洗濯物が干せないじゃない

普段、そういうものを買わない人こそ、仕事帰りに、小さな花束やおいしいと評判のケーキなどを買って帰れば、期待していなかった妻には効果大。

勤労感謝の日

「お疲れさま。あなたのおかげで幸せよ」の言葉を添えて、いつもよりちょっと豪華な手作り料理を。共働きならお互いに感謝し合って。

どんっ
さあ、ぜーんぶ食べて! そして食べた分モリモリ働いてよ~!
感謝!!
全部はムリだと思います

ももちゃん、ごめんっ今日残業になっちゃった
えーっクリスマスなのに、ダメなの？

恋人のクリスマス

クリスマスの前後は、仕事が最も忙しい時期。世間の流れに無理矢理合わせようとしないで。それぞれの都合に合わせて楽しめればよく、必要以上に振りまわされることのないように。

記念日には優先順位をつけて。「クリスマスも誕生日も100％私のために」と思うのは、記念日依存症かも。

焼肉もりもり
焼肉もりもり
毎月29日は肉の日で焼き肉デートなの

記念日を作る

代りばえしない日常のスパイスとして、義務にならない程度の軽い記念日を。「豪華なデートの日」「郊外へドライブデートの日」など。デートのネタ切れ予防にも。

父の日は、毎年オカメのお友達がいいな
一匹で充分でしょ☆

誕生日は毎年、すき焼きの肉を持って息子家族が来るのよ
準備OK!

父母の記念日

結婚したら、お互いの両親を気遣いたいものですが、父の日、母の日、誕生日をすべて祝うとなると、計8回となり、品物を考えるのも大変。あらかじめ、お祝いのルールを決めておくのもひとつの方法です。たとえば

誕生日↓みんなで味わえる食べ物や個人の好みに合った品物を。

母の日↓カーネーションと決め、毎年、花束、鉢植え、カーネーション以外の花を混ぜるなど工夫を。

父の日↓シャツと決め、毎年色やブランドを変えるなど工夫を。

両親の結婚記念日

両親の結婚30、40、50周年などを祝うのはサプライズになり、喜びもひとしお。

ゆたかの初節句のときは両ちの両親から贈られて驚いたわ〜

初節句、七五三

雛人形、五月人形、着物などは、どっちの親がどの程度の物を贈るのかでもめることもあります。「なにもいらない」とことわるのではなく、住宅事情や夫婦の意向を伝えて、過度になったり、重なったりしないよう、両家との妥協点を見つけましょう。

こどもの日、雛祭り

この日は、祖父母の家を訪問する日にして（両家を隔年ごとになど）、みんなで食卓を囲んで祝う日にすれば、子供も祖父母も楽しい一日に。

ママのご飯よりずーっとおいしいねー
み、みんなで食べるからおいしいんだよっ。
そーなの？！

厄年

男性は、数え25、42、61歳、女性は、数え19、33、37歳が厄年。神社仏閣での厄除け祈願もひとつのイベントとして楽しんでみては？厄年は、身体的、社会的な節目であり、生活を見直すいいチャンス。友人から「厄年なんだよ」と言われてもひとつの話題として受け止め、特別扱いは不要。厄年に同窓会というのも、開催のきっかけになります。

あー、私厄年だ恐くてどこにも行きたくないよ
そんなに心配なら、厄除け祈願に行って帰りにおしるこでも食べてこよう
おしるこ!? 行く!!

大人のおつきあい力検定
石原さん!!
ちょっと教えてほしいんだけど
悩
うちの亭主が誕生日祝いに花を買ってきてくれたんだけどさ、結婚して14年、そんなことなかったから、嬉しいやら、ビックリやら、なーんかテレちゃって…
嵐でもくるんじゃない？洗濯物が干せないじゃない
って言っちゃったんだけど、驚きや感激ってどう、伝えたらいいの？
（悩み人・ガミ谷将子さん）
お誕生日おめでとうございます
ガミ谷さんは照れ屋さんですもんね。では
1「あ、あなたったら…」と言葉を詰まらせる
2「あらあら、なにかやましいことでもあるの？」と冷やかす
3「もう、似合わないことしちゃって」と照れ笑いする
どれがいいと思います？
は？わかんないから聞きにきたんだけど!?
点数をつけるなら…
1 －2点
2 －0点
3 －5点
解説
ご主人も、たまには日頃の感謝を伝えようと張り切ったとか、新婚気分を味わってみたくなったとかなにか思うところがあったに違いありません。それなのに2は、せっかくの愛情表現に水を差しすぎです。とはいえ、1だと芝居がかって嘘くさくなるかも。3ぐらいが、14年目の夫婦っぽい自然で味わい深い感謝の示し方と言えるでしょう。
ふーん、わかった。ありがとう。これ、お礼におすそわけ

恋人、親、友人との旅行

Trip with Your Parents or Friends

恋人との旅行では、普段は見せない自分の一面が出てしまうことも。でも、緊張しすぎてかっこばかりつけていては、せっかくの旅行を楽しむことも、より親密な関係になることもできません。非日常の体験を共有するワクワク感を堪能しましょう。

恋人との旅行

1 すっぴん

風呂上がりに、フルメイクに浴衣では、湯上がりの雰囲気を生かしきれません。軽くパウダーを叩く、眉毛を描く、リップグロスを塗るといった程度の演出がいちばん。翌朝、眠い目をこすって彼が起きる前にメイクを完了させる必要もないでしょう。

2 トイレ

「スッキリしたぁー」と茶目っ気あるひとことを発してもいいですが、トイレについては、お互いに気づいても気づかないフリをすることがいちばん気が楽。それでもどうしても気になる人はロビーなどのトイレを使って。

3 着替え

「着替えるから、ちょっと後ろ向いてて」いきなり堂々と着替え始めるよりも、多少の恥じらいを見せたいシーン。旅館ならふすまの陰で着替えるのもひとつの方法。

4 シーツを汚した

生理中の宿泊は、あらかじめバスタオルを敷くなどの予防が必要ですが、汚してしまった場合は、一人でフロントに相談を。不快な顔をされることなく、対応してくれるはず。

夫の両親との旅行

一緒に大浴場に入り、枕を並べて寝るのは旅行でしかできないことです。「もてなさなくては」と義務感を持つことよりも、一緒に楽しむことを心がけましょう。

とはいっても、まずは夫の両親の希望を聞くこと。野山散策、タウン散策、温泉、歴史散策文化鑑賞など旅先でなにをしたいのかを確認して。

友人との旅行

行きたい場所ややりたいことが分かれたら

その場所やその行動に対して、いちばん情熱のある人の意見を尊重して、自分だったら絶対に選ばない場所に行けた、行動ができたことを楽しんで。

友人との旅行は、「友と時間を共有できる喜びに浸ること」が目的で、妥協はそのための手段。

くらげ…
……
意外と楽しいかも…よ

さあ!! 今日は「くらげ博物館」に行くわよ♪

共通の財布 交通費やテーマパークの入場料など、均等割にできる料金をまとめて払える共通の財布を用意すると便利。共通の財布に一人一万円ずつ入れておけば、各自がいちいち支払う手間が省けます。

アウトドア・レジャー

Outdoor Activities

アウトドア・レジャーの代表格といえばバーベキュー。段取り勝負のバーベキューは、事前準備から解散まで、参加者の一体感を体感できるイベント。とくに、非日常を味わいたいパパにとっては活躍の場にもなります。

バーベキュー場にて

この肉は…まるで緑の草原が朝露にぬれそぼったような…
パパ、誰も聞いてないから
うめー
おいしいっ

初対面の人と

パパ同士で名刺交換は不要。仕事の話も休日には不似合いです。初対面で会話の端緒がなかったとしても、バーベキュー当日のパパは、肉や野菜を焼くことがいちばんの役目ですから、手を休めることなく「焼き」の作業を通して親睦をはかって。

はじめまして
どうぞよろしく…

よその子と

父親、母親がいかによその子と遊べるかが、子供の社交性を左右します。親がよその子供（親）と打ちとけなければ、子供同士もなかなか打ちとけられません。また、いろんな体験をさせるために行っているのに、「そっちはだめ。こっちはだめ」と禁止事項ばかり並べないで。

料理

バーベキューはその場の雰囲気を味わうことが大切。料理に対するいたずらな形容詞も必要ありません。ただ大声で「うまい！（おいしい！）」と。バーベキューでいちばん面倒、かつもったいないのは、料理が残ってしまうこと。バーベキューのときの「口」は、食べるためにフル活用すべし。

健ちゃん、おばちゃんにもお肉ちょうだいよ〜

おじちゃんもっともっと！
疲れた…
ねーこれ、なんていう虫？

子供の尊敬を集める

アウトドアでの父親は、子供たちの尊敬を集めたいもの。石、木の枝、葉っぱ、ロープなど、そこにあるもので子供たちを楽しませるためにも、"野遊び"についての本などで予習を。昆虫に詳しい父親も尊敬されます。

ほらパパも少しは手伝って
食べすぎた。動けない〜

片付け

うっかりマナー違反をしてしまうこともあるのだから、片付けをさぼる人がいても、その人の人格を否定した注意のしかたはしないように。

まず最初に「片付け」を宣言して、片付けのムーブメントをつくること。

またみんなでここに来たいね！よし、じゃあちゃんと片付けよう！
ゴミ袋

バーベキューも終わりになると疲労と満腹感でぐったり…。そんなときに、片付けに張り切ってくれる人（主にパパ）は好印象を与えます。

帰省する

Returning to Hometowns

帰省は、親子・親族の絆を確かめる儀式でもありますが、なにより最大の親孝行でもあります。「人はひとりで生きているのではない」という血縁の不思議と、結婚によってその縁とつながった自分の存在を実感して。

大月さん お正月は ご主人の ご実家?
そうよ
いいわねー、ご両親とも うまくいってる みたいだし
なにか秘訣 でもあるの?

秘訣ってほどじゃないけど「無理しない」ことかなー
石原さんに教わったの

夫(妻)の実家に帰省するときの心得

無理に「完璧な自分」を演じない

「夫(妻)の親族を好きにならなくては。私のことを好きになってもらわなくては」と無理すると、緊張感が生まれ、関係もぎこちなくなりがち。夫(妻)の両親を疲れさせてしまうことにもなります。夫(妻)の実家とは、冷静に距離感を計り、無理に「完璧な自分」を演じず、多少ダメな部分や素の自分を見せることも必要。

お義母さーん、味つけ失敗しました!教えてくださ〜い

異文化を持ち込まない

義父母や親族側も、「自分たちと仲良くできるのか(仲良くする気があるのか)」と、不安に思っているものです。また、自分がよかれと思っていることでもいたずらに異文化(価値観)を持ち込まないこと。基本的なスタンスは、「自然観察」と同じく、「野にあるものは、野にあるままで」。自分(人間)も、親族(自然)の一員となり、溶け込んで。

観察して
同化するように

妻(夫)の実家に行きたがらない夫(妻)に

うちの夫は私の実家に帰るのイヤみたいなの

勝手に帰省を決めない

えーっちかの実家に帰るって決めちゃったの?
だってお盆はまもるの実家に帰ったじゃない

帰省計画は、決定事項を伝えるのではなく、夫(妻)と相談してから決定すること。また「〇〇家の嫁(婿)になったのだから、正月は必ず自分の実家に」などとは考えず、両家の帰省頻度のバランスを考えて。

お客さま扱いしない

夫(妻)に

実家ではなにもしなくていいから

と言われても、そうはいかないもの。嫁は「なにかお手伝いしましょうか?」と言うことはできても、婿はなかなかそうは言えません。夫は、「これ、手伝って」と実家での日常に参加する機会をもらったほうがじっとさせられているよりもいいものです。
また、夫(妻)に対して必要以上に厳しくすると、余計に居づらくなることも。お客さま扱いは不要ですが、いつも以上にパートナーに思いやりを。

夫婦は一緒に行動

新春バーゲンに行ってきます!

たとえば、帰省して、母と娘(実の親子)が外出し、家に父と夫(義理の親子)が残されてしまうと、

…
…

将棋などの共通の趣味でもない限りは、お互いになにをしていいのかわからなくなり、ぎこちない空気が流れることも。結婚相手が自分の実家になじむまでは、帰省先での行動も基本的に夫婦一緒に。

ありがとう

自宅に戻ったら

あなたのおかげで、両親がとても嬉しそうだったわ

と感謝の気持ちを伝えて。

自分自身の実家に行きたがらない夫(妻)に

今年もお正月、帰らないの?
うーん、実家に帰っても、いつもけんかになるし…

結婚を反対された、元々仲が良くないなど、自分自身の実家なのに帰省を渋る夫(妻)の場合は、無理に腕を引っ張ることはしないで、夫(妻)が「帰省しよう」と言うのを待つこと。

ぎこちなく見えても、親のほうも、子と良い関係になりたいと思っているもの。

仲をとりもとうと、しゃしゃり出るのも控えて。

手紙

時々、夫(妻)の実家に、手紙で近況を伝えたり、写真を送るなどして、「幸せに暮らしています」と伝えて。

じゃあ、元気で幸せに暮らしてることだけでも伝えておこう
きっと心配してるよ
お盆には帰ろうか…

お盆・お正月の親戚の集まり

(結婚相手の親族と)話すことがないのも、会話が噛み合わないのもお互いさま。親族は、単になにを話していいのかわからずに、

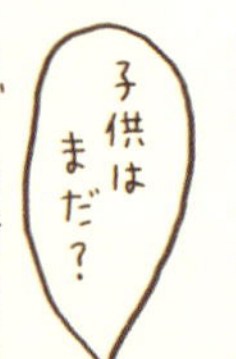

子供はまだ?

など、気遣いのない発言をする場合もあります。まずは「(相手は)会話の糸口を探しているんだ」と考えて。

なにも話すことがなくて困ったときは、夫(妻)の子供時代を聞くのがコツ。聞かれた側は、多少脚色して答えることもありますが、それも親近感の表れと受け止めて。

まあー こんなに若いお嫁さんもらえるなんてねー
ひとしさんはどんなお子さんだったんですか?
あー、どーしようもなくヤンチャでよー高校んとき家出してそれっきりさー

(義)兄弟、(義)姉妹とのつきあい

家族ぐるみでのおつきあいを

メールで近況を知らせ合ったり、比較的近いところに住んでいるなら、たまに家族で家を訪問し合ったり、一緒にレジャーを楽しむなどの交流を心がけて。遠方に住んでいるのなら子供の誕生日やクリスマスに、プレゼントを送り合うのも○。

身内だからと甘えすぎない

兄弟、姉妹といっても、それぞれが結婚して別の家庭を築けば、ひとつ屋根の下で育っていたときとは違います。甘えすぎや、ぞんざいな態度は通用しません。身内に対しては「油断しすぎる」という危険があるので、メールや訪問の頻度などに気を遣うこと。

3世代のおつきあい

Children Bind Together You and Your Parents

義父母の前では緊張してしまう人も、子供(孫)がいることで、緊張がほぐれることも。子供ならではの天使のスマイルは、おつきあいの強い味方。

今年のお正月は私の実家に帰ったから、お義父さんや、お義母さんは
祐太に会いたがってるだろうなー。ちょっと遠いけど、帰ろうかな…

義父母は…

「息子(娘)夫婦の子育てにしゃしゃりでていいのかしら」と、遠慮している可能性も。ときには、育児の先輩としてのアドバイスを求めたり、「こういう方針で育ててます」と伝えたりすることで、交流を深めて。

祐ちゃん元気かしらねー。会いたいわねー
遠いからおいそれと帰っておいでとも言えんしねー。

電話、手紙、ファックス

(義)父母への電話は、まず子供の声を聞かせてから。孫の声を聞いて機嫌がよくなったあとで電話を代われば、会話もスムーズに。ファックスや手紙で、子供から祖父母への直筆メッセージや絵を送っても喜ばれます。

バァバ!
やっぱり、顔見せに行こう
まあ!祐ちゃん!

「孫を見せるため」の帰省

お盆やお正月に型通りに帰省するだけでなく、ときどき孫を見せに行くことで、距離感が縮まるし、親孝行になります。遠くに住んでいるなら「声だけでも聞かせてやってくださいませんか」と。

祐太が、バァバに会いたいと泣くものですから…週末にうかがってもよろしいでしょうか?

夫(妻)の実家で

まー祐太
大きくなったねえ!

あんなちっちゃかったのにねえ
バァバ!
バァバと一緒がいいみたいです

「粗相をしないかしら?」と不安になったり、義父母から親として評価されるのを恐れることはありません。祖父母にとっては「うちの孫がいちばん」で、無条件にかわいいもの。ときには、子供の世話をある程度任せることも必要。

…
…

会話が途切れたときは、子供の話を持ち出すのがいちばん。成長ぶりやちょっとしたエピソードなど、どんなことでも、孫の話なら嬉しいもの。

最近、急にいろんな言葉を覚えるようになったんですよ

バァバ、ウルサ~イ。バァバはコワ~イ

悪口禁止

子供は聞いてないようで大人の会話を聞いていて、言ってはいけない場所で、その会話の内容をしゃべってしまうことも。子供の前で義父母の悪口は言わないこと。逆に「ママが、バァバみたいにお料理が上手になりたいって言ってたよ」と伝われば効果大です。

運動会、学芸会

子供がらみのイベントは、祖父母も誘いたいもの。遠くに住んでいる場合は、その日に子供から報告の電話をさせ、後日写真などを送ると喜ばれます。

同窓会に参加する

Attending the class Reunion

同窓会では、共通の思い出をたぐりよせられる話題ならなんでもよく、たとえ名前や顔を忘れられていてもしかたがないと考え、なるべく多くの人と話すことが楽しむコツ。

お知らせのはがきが届いたら

- 出欠の返事は期限までに必ず出す。（「御出席」の「御」を消して、「出席いたします」、「御芳名」の「御芳」を消して「名」に。旧姓も添える）
- 出席なら「楽しみにしています」
- 欠席なら「大変残念なのですが、欠席いたします」
- 「誰が出席するの？」と幹事に聞かない。
- 「お疲れさま」と幹事へのねぎらいの言葉を添える。

わーっ中学校の同窓会だ

服装

ホテルか、居酒屋かなど会場の雰囲気に合わせることが第一。同窓会は自分の成功を見せびらかすところではありません。同窓会は年齢を忘れて、学生時代に戻るのが目的。その集団の標準を考えて身仕度を整えて。

ああ！哲っちゃん!! 久しぶり〜

会場で

名前と顔が一致する人に会ったら迷わず声をかけましょう。覚えていてくれることに嬉しくない人はいません。当時のニックネームで呼ぶことももちろんＯＫです。

遠慮のない軽口には、時を巻き戻す作用があります。見た目の変化を指摘されて笑い合えるのも同窓会ならではの楽しみ。とはいっても、多少は相手を選んで、「お互いさま」という前提を忘れないこと。

タハハ…
貫禄がでたねぇ。時の流れを感じるな〜

△
そのちゃんは変わらないわね～
そ、そう？

本当にあまり変わっていない人に言うのはいいのですが、明らかに見た目が変わった人に言うのは考えもの。女同士の「太った」「老けた」でも、そこに「お互いさまよね」のニュアンスが含まれて笑い合えれば、温かい交流となるでしょう。

△
相変わらずキレイだねー
えーー♥
いじっ
相変らずモテモテでいいなあ

特定の人だけに言っていると、「私は言われない」と傷つく女性もいます。

○
どういう関係の仕事をしているの？
△
何ていう会社で働いているの？
貿易関係の仕事だよ

仕事の内容を聞くのはよいのですが、あまり具体的な会社名、役職名、年収や生活ぶりまでは聞かないように。

×
オレさあ今、リストラされそうなんだ……
×
どうしてリストラされそうなの？

社会で起きていることを一般論で語ったり、前向きな計画を話すのがいいでしょう。聞かされた人が答えに困るような発言は避けて。

そういう話を聞かされそうになっても、それ以上広げないように。

×
うちのダンナ（彼）は、天下のカエル商事に勤めているのよ～

女性同士の夫や恋人、子供の自慢話は見苦しいものです。子供の話題は、「子供は2人。長男は小学校3年生になったのよ」といった程度にとどめておくほうがスマートです。

誰だかわからない…お、思い出せないよーっ
あいちゃん久しぶり〜っ
顔を見ても、名前を聞いてもなかなか思い出せないときは、サラリと
何ていうあだなだったっけー？
名前なんだっけ？（相手が名字を答えたあと）そうじゃなくて、下の名前…
また、新しい出会いととらえて、会話を楽しんでもよいかも。

片想いだった人に会ったら
やあ
昔、好きだったのよ♥
と言うのもいい話題提供。
とはいえ、話がはずんだからといって、相手をひとり占めにしてしまっては、しつこいと思われる可能性も。

昔の恋人に会ったら
元気？
うん、吉本くんは？
無視したり意識的に避けたりせずに、「元気？」「あのときは楽しかったね」くらいの言葉をかけてこそ、大人です。恋人ではなくなっても、同窓生であることには変わりはないのですから。

先生に対して
先生もおかわりなく、お元気そうでなによりです
誰だったかね？
先生が生徒一人一人を覚えていることはありえません。まずは自己紹介を。先生のことで思い出に残っていることがあれば、続けて話しましょう。
町田あいです。先生のカツラ、とっちゃって、すごく怒られた…

欠席者の心遣い

行きたかったのに都合で行けなかったのなら、幹事にメールや電報を送るというのもひとつの参加方法です。結婚披露宴のときのように数多く届くことはないので、会場で読んでもらえると期待していいでしょう。

大人のおつきあい力検定
石原さん、事件です!
謎はすべて解けた!
悩
実は…
私って幹事を頼まれることが多くて、この前は合コン、今度は高校の同窓会で幹事をするんです。ところが、友だちが「A子さんは来るの?だったら私は出たくないなあ」と電話してきて…。A子さんからは、すでに出席の返事が届いているんですが、なんて答えたらいいでしょう。
(悩み人・ゆいさん)
ふざけている場合じゃないんです
それは困りましたね
では、次のうちどれがいいと思いますか?
1「いい歳して、いつまで昔のことを引きずってるのよ」
2「まだお返事はないけど、そんなこと言わずに出てよ」
3「A子さんは出席よ。この機会に彼女と仲直りしたら」
う〜ん
笑いながら1を言うかな?
点数をつけるなら…
1↓0点
2↓5点
3↓2点
解説
本当に言いたいのは1のセリフですが、怒りや恨みを買うだけでたぶんなんの効果もありません。改心を促すなら、3がせいいっぱいの言い方。でも、仲裁しようとして、泥沼の対立に巻き込まれる可能性も。ここは許される範囲の小さな嘘を活用して、中立の立場を保ちながら、なるべく出席者を増やすという幹事の役目に徹しましょう。

インターネットで始まったおつきあい

Relationship with People You Met Through the Internet

「ネット社会には悪人がいる」と警戒しすぎず、「ここのユーザーなら会いたいな」と思えるコミュニティがあれば、実世界でのつきあいに発展させることも楽しいもの。

オフ会の連絡か

ネット上だけのおつきあいにしておく？

匿名のおつきあいにとどめておくか、オフ会などに参加して、おつきあいを深めるかの選択は、個人の考え方次第。失敗もあれば成功もあるのは、なにもネット社会だけのことではありません。

オフ会

人間の魅力を多方面から見つけられるのが、ネットから始まったおつきあいのおもしろさ。予想と実物のギャップがあったら「あの人って意外」と楽しむこと。本人に言うなら「いい意味でイメージをうらぎられました！」などと。

コーヒー豆について考える会
キリマンジャロです
ジョニーです
まめみです
キャロラインです
ブルーマウンテンです
Mr.ガーベラです
喫茶店のマスターですが実はコーヒが苦手です

プライバシーは？

オフ会でもハンドルネームで呼び合い、仕事や年齢を聞かないのが暗黙の了解。オフ会に参加表明をした時点で少なくとも主催者（HPの管理人）には、メールアドレスを知らせることになりますが、そのほかの人とは、オフ会でメールアドレスを交換するのが、お互いにいちばん安心。

ソーシャル・ネットワーク・サービス（SNS）

自分の日記を見る人を限定でき、お互いのプロフィールがわかるため、連絡網になったり、親近感を伝えられたりする場所になることも。

SNSの日記で無防備になる落とし穴

- 必要以上に、自分のプライバシーや一日の行動をさらしてしまう。
- 不用意に差別的なことと（病気、障害、人種、宗教など）、ウケを狙って反社会的なことを書いてしまう。
- ネタ探しに必死になりすぎて、他人のプライバシーや失敗を書いてしまう。
- （事実であっても）露骨な自慢話で嫉妬心をあおってしまう。

口から出る言葉以上に文字になる言葉には気を遣うこと。SNSといっても、誰が見るかわからないということを基本に考えて。

✕「どうしてやらないの？」「なぜ私の日記を見てくれないの？」

ネットとのつきあい方は人によってさまざまで、誘われてことわるのも、見るも見ないも自由。ネットのできごとが実際のつきあいに影響を及ぼしてしまうことのないように。

あーっ みちるさん、スゲーッ！ パソコンやってるーー!!
ピチピチ 美人店主みちるの駄菓子屋日記
○月○日
カエルチョコ
今日はカエルチョコがよく売れました。学校帰りによく来るBは、Mのことが好きだとみちるさんは思っている。
10えん
20えん
50えん
20えん
まあね〜♪ みちるさんはハイテクだからね

おだやかに晴れた日、
おつきあい町には今日も
笑顔がいっぱいです
家族も増えて このマンションも 手狭になる なあ
でも、私、この町大好き。長く住みたいなー
ルプスマンション
うめぼし幼稚園
じゃあ また明日ね
バイバイ
明日ね！
この干しいも おいしいわ。今度子供たちの おやつに出して みようかしら
カモメスーパー
喫茶ガーベラ
今度の 本はどんな 本ですか？
この町の人たちの ことを書いたら、そのまま本に なりました。タイトルは『おつきあいのマナーとコツ』です
ありがとう ございました
大根、安かったわねー

あ、パパお帰り！
ヒデヨシと町内パトロールに行ってくるから夕飯の仕度お願いね♪
ガミ谷家
大月家の実家
準備OK！まなとたちもうすぐ着く頃ね
母さん、肉の量増やしたかい？子供が一人増えたんだぞ？
やーね、赤ちゃんはまだお肉なんて食べられませんよ
フジアパート
結婚披露宴の招待客のリストできたー？
いや、あと少し
おつきあい町駅
OTSUKIAI
フラダンスサークル「くらげ」
ダンス発表会の日程が決まったわ
友だちに知らせなくちゃ
ちょっと、恥ずかしい…

監修◎石原壮一郎（いしはらそういちろう）
1963年生まれ。コラムニスト。月刊誌の編集者を経て、1993年に『大人養成講座』（扶桑社サブカルPB）でデビュー。以来「大人モノ」の元祖&本家として、大人のあるべき姿を深く広く追究し続けている。著書・連載多数。昨今の「大人ブーム」の火付け役となった『大人力検定』（文藝春秋）は、ニンテンドーDS版のゲームソフトにも。6月にはDS版『大人の女力検定』も発売（いずれも、コナミデジタルエンタテインメント）。
公式サイト「大人マガジン」（http://www.otonaryoku.jp/）

絵◎伊藤美樹（いとうみき）
神奈川県生まれ、東京都在住。血液型はO型。ふいに思いたって、2001年よりフリーのイラストレーターとして活動開始。好きなことは、モノを創ること、食べること、飲むこと、笑うこと、散歩、そして絵を描くこと。著書に『食べ方のマナーとコツ』『贈り方のマナーとコツ』『話し方のマナーとコツ』『お仕事のマナーとコツ』『しぐさのマナーとコツ』『ウエディングのマナーとコツ』（いずれも学研）、『おうち歳時記』（成美堂出版）。
（http://homepage2.nifty.com/miki_campus/）

暮らしの絵本
おつきあいのマナーとコツ

二〇〇七年三月一四日 初版発行

発行人　太丸伸章
編集人　金谷敏博
編集長　千代延勝利
編集担当　目黒哲也
発行所　株式会社 学習研究社
〒一四五—八五〇二 東京都大田区上池台四—四〇—五
データ製作　株式会社 ディーキューブ
印刷所　日本写真印刷株式会社

お客様へ
●ご購入、ご注文は、お近くの書店へお願いします。
●この本についてのご質問は次のところへお願いします。
・編集内容に関しては、電話：〇三—三七二六—八三一三（編集部直通）
・在庫、不良品に関しては、電話：〇三—三七二六—八一八八（出版営業部）
・アンケートハガキの個人情報に関しては、電話：〇三—三七二六—八五三四（学校・社会教育出版事業部）
・そのほかのこの本に関しては
学研お客様センター「暮らしの絵本 おつきあいのマナーとコツ」係
文書は、〒一四六—八五〇二 東京都大田区仲池上一—一七—一五
電話は、〇三—三七二六—八一二四へお願いいたします。